Otto Pötter
Jeden Tag etwas,
aber keinen Tag nichts

Otto Pötter

Jeden Tag etwas, aber keinen Tag nichts

Anregendes und Stärkendes

Titelbild und Illustrationen
von Markus Pötter

Aschendorff
Verlag

Foto auf der Umschlagrückseite: Matthias Schrief – MVZ Rheine

© 2018 ASCHENDORFF VERLAG GMBH & CO. KG, MÜNSTER
www.aschendorff-buchverlag.de

Printed in Germany
Gedruckt auf säurefreiem, alterungsbeständigem Papier ∞
ISBN 978-3-402-13401-6

Für
Bennet, Carla
Juri,
Lotta und Neele

> *Wo euer Schatz ist,*
> *da ist auch euer Herz.*
>
> *Mt 6,21*

Dieses Buch

... ist kein Buch zum Durchlesen. Dafür sollte es Sie lange anregend und stärkend begleiten: Jeden Tag etwas, aber keinen Tag nichts. Selbstverständlich lässt sich nicht jeden Tag alles verwirklichen was hier steht – aber etwas davon immer! Sie haben die Wahl. Einfach zwischendurch eine Weile innehalten, um das Innere zu halten, das belebt und tut gut.

Was wir heute tun, entscheidet darüber,
wie wir uns morgen fühlen.

MARIE VON EBNER ESCHENBACH (1830–1916)

Wer nicht jeden Tag etwas für seine Gesundheit tut,
muss eines Tages die ganze Zeit für seine Krankheiten
opfern.

SEBASTIAN KNEIPP (1821–1897)

Courage ist gut, aber Ausdauer ist besser.

THEODOR FONTANE (1819–1898)

Wir sind das, was wir wiederholt tun.
Vorzüglichkeit ist daher keine Handlung,
sondern die Frucht einer guten Gewohnheit.

ARISTOTELES (384–322 V. CHR.)

Das Regelmäßige entlastet.

GOTTFRIED VON KAPPENBERG (1097–1127)

Inhalt

1. Jeden Tag etwas, aber keinen Tag nichts 8

2. Ein Mensch 10

3. Jeden Tag einmal innehalten 13

4. Jeden Tag ein Stündchen laufen 21

5. Jeden Tag ein bisschen lernen 29

6. Jeden Tag was Schönes tun 39

7. Jeden Tag bejahend lieben 49

8. Jeden Tag mit festen Händen,
   das was stört, vernünftig wenden 57

9. Jeden Tag auch mal ein Nein 65

10. Jeden Tag was Gutes loben 73

11. Jeden Tag von Herzen lachen 83

12. Jeden Tag etwas genießen 91

13. Jeden Tag einfach mal staunen 99

14. Jeden Tag auf Wunder achten 107

15. Jeden Tag was Schönes finden 117

16. Jeden Tag für etwas danken 127

17. Jeden Tag an Gott sich wenden 137

18. Die Kunst der kleinen Schritte 147

Jeden Tag etwas,
aber keinen Tag nichts

Jeden Tag ein Stündchen laufen,
dabei auch schwitzend ruhig mal schnaufen.
Jeden Tag ein bisschen lernen
und Oberflächliches entkernen.

Jeden Tag was Schönes tun
und hin und wieder auch mal ruh'n.
Jeden Tag bejahend lieben
und Freudiges ja nicht verschieben.

Jeden Tag mit festen Händen
das was stört, vernünftig wenden.
Jeden Tag auch mal ein Nein
und trennen zwischen Schein und Sein.

Jeden Tag was Gutes loben
und innehalten, nicht gleich toben.
Jeden Tag von Herzen lachen
und gerne Lustiges mal machen.

Jeden Tag etwas genießen
und mit Wonne Blumen gießen.
Jeden Tag einfach mal staunen
und überwinden schlechte Launen.

Jeden Tag auf Wunder achten
und sinnenfroh die Welt betrachten.
Jeden Tag das Glück ergründen
und Kleines dabei groß empfinden.

Jeden Tag für etwas danken
und Gutes Armen tun und Kranken.
Jeden Tag an Gott sich wenden
behütet ruh'n in seinen Händen.

OTTO PÖTTER

Ein Mensch

missachtet die Befehle
des besseren Ich,
der zarten Seele.

Bis die beschließt,
gekränkt zu schwer:
Mit dem verkehre ich nicht mehr.

Sie lebt seitdem betrübt und stumm,
ganz teilnahmslos in ihm herum.

EUGEN ROTH (1895–1976)

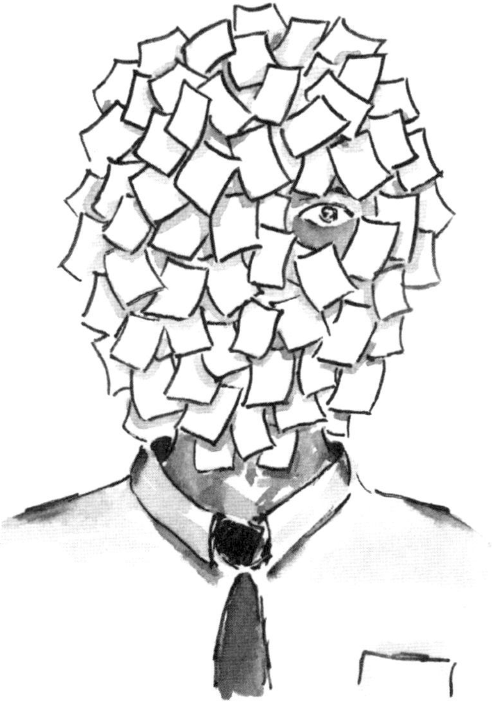

Jeden Tag einmal innehalten

... um das Innere zu halten. Wir laufen sonst Gefahr, aus der Spur zu kommen. Haben wir unsere Mitte verloren, stört das die Blickrichtung. Wir halten Ausschau nach allen Seiten, blicken rechts, links, über die Schulter und verhalten uns heute so und morgen so. So hinterlassen wir eine krumme Spur.

„Einfach drauflos" zu leben ignoriert, wie Eugen Roth es nennt, unser *besseres Ich*, die innere Stimme, die Seele. Die innere Gewissheit ist gestört, *das Gewissen* beeinträchtigt. Damit mehren sich Unstimmigkeiten, die uns unruhig werden und umso mehr schwanken lassen. Feste Ziele verlieren an Kontur, sichere Orientierungspunkte verblassen. Eine Neujustierung bewirkt ein starkes *Wofür*; allein das festigt und überwindet jedes *Warum*.

Das hält uns in der Spur: das Bewusstsein, etwas Sinnvolles zu tun – und das nicht nur einmal oder gerade mal so nach Lust und Laune, nein, jeden Tag etwas, aber keinen Tag nichts. Wer nur nach dem Zufallsprinzip lebt und keinen Sinn sieht in dem, was er tut, macht heute dies und morgen das. Übermorgen vielleicht schon gar nichts mehr ...

Warum auch? Was soll's? So legt sich dunkler Staub auf die Seele. Viele Krisen, Miseren, Neurosen, Depressionen oder auch Hyperaktivitäten verstecken sich dahinter.

Was fehlt, ist eine zielsichere Beständigkeit die es ermöglicht, in der Spur zu bleiben. Zwar sagen wir so leichthin: „Wo ein Wille ist, ist auch ein Weg", doch Viktor Frankl (1905–1997), der Begründer der sinnorientierten Logotherapie, formulierte es anders, er sagte: „Wo ein Ziel ist, ist auch ein Wille!"

Nehme ich mir zielklar vor, in kleinen, aber beständigen Schritten voranzuschreiten, jeden Tag etwas, aber keinen Tag nichts, so macht mich das willensstark. Statt schwankend hin und her zu wanken, bleibe ich in der Spur, mit dem trefflichen Gefühl: „Ich kann mich auf mich verlassen."

Jeden Tag einmal innehalten, das klärt die innere Gewissheit, auf dem richtigen Weg zu sein. Und was schleppe ich alles so mit? Ginge es nicht auch leichter?

Ein anschauliches Beispiel wäre der Inhalt eines Rucksacks. Oft ist er randvoll. Wird nicht mehr zwischen Wichtigem und Unwichtigem unterschieden, quillt der Ranzen über. Schauten wir genauer hin, wunderten wir uns, wieviel Zeugs wir mit uns herumschleppen. Vieles ist nur noch Last. Ohne diesen Ballast liefen wir leichter.

Pilger wissen es, je weniger man mit sich herumschleppt, umso besser geht es voran. Pausen werden genutzt, um sich von unnützen Bürden zu befreien. Das wird als Wohltat empfunden.

Halten auch wir doch hin und wieder inne, um nachzuschauen, was uns auf unserem Weg entlasten könnte. Viele Menschen quälen sich auf ihrem Lebensweg immerfort mit Lasten herum, von denen sie sich befreien könnten. Welch eine Wohltat wäre das!

Da ist beispielsweise ein Mann, der Unrecht und Verletzungen erlitten hat; er meint, immer der Benachteiligte zu sein. Er stöhnt und klagt unter dieser erdrückenden Last. Er schleppt die schmerzhaften Momente und Verletzungen seiner Lebensgeschichte immerzu mit sich herum und kann sie nicht loslassen; er will nicht vergeben und sich davon befreien.

Eine Frau stöhnt fortwährend unter der Last ihrer Unentschlossenheit, ihren Unzulänglichkeitsgefühlen und Selbstzweifeln. Betrübt meint sie, andere wären glücklicher, attraktiver, begabter oder anerkannter. Und so schleppt sie ihre Minderwertigkeitsgefühle ständig mit sich herum und kann sich nicht frei machen von quälenden Irritationen, Ängsten und Sorgen.

Solange die Fixierung nur auf die Fehler, Verletzungen und Schwächen, also nur auf die dunklen Seiten der Vergangenheit hin ausgerichtet ist, solange geht es, vor Lasten taumelnd, hin und her, solange werden schlingernde Spuren hinterlassen. Die Resignation verhindert, dem Schicksal Stärkendes entgegenzusetzen.

Sich Stärkendem zuzuwenden, richtet die Aufmerksamkeit auf Ziele, die motivieren. Das *Wofür* entsorgt viel Ballast.

Statt dessen heißt es oft ausweichend: „Dafür habe ich jetzt keine Zeit; später aber." Später? Wer für Wichtiges *jetzt* keine Zeit hat, hat nie Zeit dafür. Umso hilfreicher sind feste Zeiten für regelmäßige „Inspektionen".

Wie wäre es beispielsweise mit dem Sonntag? Wie hilfreich könnte da eine halbe Stunde „Gepäckinspektion" sein! Es könnte unser Marschgepäck für die kommende Woche erleichtern. Auch ließe sich für jeden Wochentag Stärkendes in den Fokus nehmen, um im Alltag nicht unterzugehen.

Ein Vorschlag könnte sein, in der kommenden Woche öfter am Tag zu lächeln. Lächeln kann jeder. Und wer sich dennoch „komisch" dabei vorkommt, kann es lernen. Lächeln vermag jedem Streit die Spitze zu nehmen, es nimmt dem Tadel die Schärfe und Versagungen die Härte. Lächeln vertreibt die Angst und wirkt sogleich beruhigend. Es entspannt die Gesichtsmuskeln, macht schön und gibt den Augen Glanz. Und das jeden Tag immer mal wieder, das bleibt nicht ohne Wirkung. Und schon die nächste Woche sähe anders aus.

Die Frucht guter Erfahrungen ist die Beständigkeit. Ist etwas gelernt, wofür zu leben es sich lohnt, schwinden Zweifel und Widerstände. Und schon kommt man sich auch nicht mehr „komisch" vor.

Wird Wichtiges nicht aufgeschoben, sondern in kleinen beständigen Schritten einfach getan, wird das Nervensystem konditioniert. Die Neuralverbindungen sind alsbald so gefestigt, dass sie uns in den entsprechenden Situationen automatisch das tun lassen, was als erstrebenswert beabsichtigt war.

Umso besser, wenn noch wohlwollende Gesten (an die Hand nehmen, Schulterklopfen) mit hinzu kommen. Und wir merken: Statt herumzuzappeln, bleiben wir in der Spur.

Um nicht doch wieder in die alten Verhaltensmuster zu verfallen, lehren die alten Klosterschulen die *Ruminatio,* was übersetzt soviel heißt wie „wiederkäuen". Dabei werden Absichten („Lächeln!") als Imperativ in kurzen Sätzen wiederholend (wiederkäuend) immer wieder so lange „vor sich hin" gedacht, bis sie uns (ohne noch darüber nachzudenken) automatisch handeln lassen.

In der evangelischen Kirche gibt es den Brauch der *Losungen.* Eine Losung ist ein bewährter Leitsatz. Indem man sich ihn täglich bewusst macht, ermuntert er zu gutem Denken, bestärkt gute Handlungen und bewirkt gute Haltungen. Indem sich diese Aussagen stärkend im Alltag auswirken, durchwirken sie gewissermaßen aus höherer Ebene das Denken und prägen das Tun. So liegt Segen im täglichen Handeln.

Ein junger Akademiker suchte einmal den weisen Rabbi Moshe Feinstein (1895–1986) auf und fragte ihn, wie er gut leben könne. Der Rabbi fragte zurück, was er denn bisher so getan habe. Oh, alle jüdischen Feiertage bisher zusammengerechnet, sei er gewiss den Talmud schon ganz durchgegangen! Sieh an. Aha, so so. Wieviel vom Talmud aber denn tagtäglich durch ihn gegangen sei, fragte der Rabbi zurück ...

Ähnlich schrieb 1999 der aus Lüdinghausen stammende ehemalige Bischof von Limburg, Franz Kamphaus (*1932) im *Limburger Sonntag*: „In meiner münsterländischen Heimat trinken die meisten Menschen Bier. Deswegen sind mir die ersten Weinproben im Rheingau in besonderer Erinnerung. Ich musste lernen, dass man Wein nicht wie Bier trinkt. Man schluckt ihn nicht schnell herunter, sondern lässt ihn langsam kostend über die Zunge laufen. Kenner und Könner schlürfen den Wein und durchmengen ihn dabei noch mit Luft. Wein braucht Zeit, um sein ganzes Aroma zu entfalten. Allein der Blick aufs Etikett genügt nicht. Aber so ein köstliches Gläschen am Abend, lässt den Tag in einem anderen Licht erscheinen."

Recht haben sie, der Rabbi und der Bischof: Gute Worte brauchen, ebenso wie guter Wein, Verkostung. Nicht mit großem Aufwand nur zu großen Anlässen, hier ein Glas, da ein Glas. Besser ist eine gute Weile, um sich mit dem Wein oder den guten Worten zu beschäftigen. Das lässt dann den Tag in einem anderen Licht erscheinen.

17

Durch einen behutsamen Umgang mit Worten wirken Worte weiter. Wiederholend setzen sie sich als mentale Konditionierungen wie gute geistige Nahrung in uns fest und beeinflussen nicht nur unsere Verhaltensweisen, sondern wirken zugleich körperlich immunisierend. So werden beide menschlichen Kraftzentren aktiviert: Die Geisteskraft und die Vitalkraft.

Unser Wohlbefinden hängt von der ausgewogenen Balance zwischen beiden ab. Es ist aber so, dass dem Körperlichen mehr Beachtung geschenkt wird, während die geistige Ebene zwar nicht vernachlässigt, oft jedoch falsch behandelt wird, weil nur der Kopf, weniger aber Herz und Seele beteiligt werden.

Würde einem streitenden Paar beispielsweise geraten, einfach damit aufzuhören, vom anderen etwas einzufordern, was mit dem Herzen ebenso gut als Gefälligkeit erbeten werden könnte, sähe sogleich alles anders aus.

Wir treiben mit dem Kopf zu viel Aufwand, um etwas zu erreichen, was als Geschenk eigentlich schon da ist. Wir wollen zu viel und übersehen dabei das Eigentliche. So vermittelt uns Großartiges ja auch immer nur für kurze Zeit ein Hochgefühl, während die kleinen Gaben des Alltags, die viel häufiger und leichter einzufangen sind, nachhaltiger Geist und Seele erquicken. Jeden Tag einmal innehalten, um das Innere zu halten – und wir werden spüren, dass das zu einer Kraftquelle werden kann, die uns davor bewahrt, im Tohuwabohu des Alltags unterzugehen.

Ein guter Mönch ruht mittags ein wenig, auch
wenn alle meinen, die Welt würde untergehen.

NATSUME SÔSEKI (1867–1916)

Halte dich im Stillen rein,
und lass es um dich wettern.
Je mehr du fühlst, ganz Du zu sein,
je mehr gleichst du den Göttern.

JOHANN WOLFGANG VON GOETHE (1749–1832)

Denke stets daran: Wenn du dich brauchst,
bist du immer ganz in der Nähe.

JACOBUS LE MORT (1650–1718)

Ein Augenblick des Innehaltens kann heilen und klären;
ein Moment der Ungeduld kann kränken und verwirren.

SPRUCH DER MEXIKANISCHEN OTOMÌ

Wir können die Zeit nicht anhalten,
aber innehalten können wir jederzeit.

KURT HABERSTICH (* 1948)

Erst im Innehalten entfaltet sich Wirkung.

FRANCESCO PETRARCA (1304–1374)

Was ohne Ruhepausen geschieht,
ist nicht von Dauer.

OVID (43 V.CHR.–17 N.CHR.)

Je ausgeprägter die Gelassenheit,
umso größer die Freiheit.

HOMER (ETWA 8. JH V.CHR.)

Jeden Tag mal innehalten,
um das Innere zu halten.

Jeden Tag ein Stündchen laufen

... dabei auch schwitzend ruhig mal schnaufen. Die tägliche Bewegung als Stärkung der Vitalkraft bildet den Gegenpol zum Innehalten, zur Ruhe; denn alle Einseitigkeit schadet.

Hand aufs Herz: Während Sie dies lesen, was machen Sie da? Ich glaube, richtig geraten zu haben, wenn ich sage, dass Sie entweder sitzen oder liegen. Schön. Machen Sie es sich ruhig gemütlich. Fragen Sie sich dennoch einmal: „Täglich, konsequent etwas mehr Bewegung, täte mir das nicht gut?" Wir alle sitzen zu viel und bewegen uns zu wenig. Soll es dabei bleiben? Wie wäre es mit dem Vorsatz: Jeden Tag ein Stündchen laufen ...

Hier zeigt sich für uns schon „ein starkes *Wofür*"; denn einer der Hauptursachen für eine Vielzahl von Zivilisationskrankheiten ist der Bewegungsmangel. Was mehr noch? Umso mehr stärkt und unterstützt das regelmäßige Laufen die Gesundheit. Theodor Fontane (1819–1898) wusste es auch schon: „Frische Luft und Bewegung sind die eigentlichen Geheimen Sanitätsräte." Immer noch.

Laufen baut Stresshormone ab, verbessert den Stoffwechsel und die Blutzirkulation, fördert die Muskelelastizität, stärkt Herz und Lunge, beugt Osteoporose vor, wirkt im Nachhinein beruhigend und fördert eine gesunde Schlafqualität. Zudem wirkt Laufen wie eine belebende Sauerstoffdusche auf all unsere Körperzellen. Wenn das nicht reicht ...

Durch regelmäßiges Laufen könnte nach ärztlicher Absprache sogar das ein oder andere Medikament überflüssig werden. Auch hier liegt die Betonung wieder auf *regelmäßig*.

Einige könnten nun einwenden, sie liefen den ganzen Tag. Ich denke dabei an Krankenschwestern, die in ständig flottem Auf und Ab auf der Station täglich kilometerlang auf Trab sind. Oder die Politessen, die in den Städten bei ihren täglichen Kontrollen des ruhenden Verkehrs von morgens bis abends laufen und laufen. Zwar ist Bewegung grundsätzlich gut – und doch meinte Erich Kästner (1899–1974): „Die Seele wird vom Pflastertreten krumm." Warum? Weil wir den Anblick von versteinerten Stadtszenen ohne natürliche Belebungen unbewusst als stressig und belastend empfinden. Darum wirken die Grüntöne in der freien Natur stärkender und stressmindernder. Das Herz-Kreislauf-System beruhigt sich, die Augen entspannen, die Atmung wird tiefer und langsamer. Das senkt die Stresshormone Cortisol und Adrenalin. Dadurch regen sich die Sinneswahrnemungen umso mehr. Sogleich fühlen wir uns wohler. Deshalb auch ist Grün die Farbe der Berufsbekleidung in Operationssälen.

Jeden Tag ein Stündchen in grüner Natur laufen und dabei auch schwitzend ruhig mal schnaufen, das ist eine Wohltat für Leib und Seele. Der Anblick von Wiesen, Sträuchern oder Bäumen aktiviert wohltuende Wahrnehmungsresonanzen und ist Balsam für das Vegetativum, denn von dort aus wird unser Wohlbefinden gesteuert. Hier wird alles bis aufs Feinste aufeinander abgestimmt: Die Art und Weise unserer Gedanken, Stimmungen, die damit verbundene Regulierung der Vitalität, Körpertemperatur und Atmung, all das hängt von unserem derzeitigen Empfinden ab. Deshalb ist es nicht egal, wann wir laufen, wo wir laufen, wie wir laufen, mit wem wir laufen oder was wir beim Laufen denken. Das Eine beeinflusst das Andere.

Darum bringt es auch nichts, wenn wir meinen, wir könnten die verpassten Tagesstündchen am Wochenende in stundenlanger Schnauferei nachholen. Nein. Wie sollte uns das gut tun? Indem das Müssen nun im Vordergrund steht, fühlten wir uns ja wieder dem Stress ausgeliefert.

Geht auch das Laufen noch mit Stoppuhr und wettbewerbsähnlichen Bedingungen einher, besteht die Gefahr, dass das Pendel sogar zum Negativen hin ausschlägt. Es sei denn, wir möchten „liebend gern" mitmachen beim Triathlon, Marathon oder ...

Dann läuft auch die Seele mit. Und dann tut es gut.

Sich *ergehen* beim Gehen, das ist es, worauf es ankommt. Und die tägliche Regelmäßigkeit, ohne Druck, tut gut. Na ja, vielleicht, mit einem Augenzwinkern, auch ruhig ein halbes Stündchen, aber weniger sollte es nicht sein.

Auch Wandern ist, in anderer Intention, bei stundenlanger Bewegung, gesundheitsfördernd, weil es mit dem Gefühl einhergeht, von der Natur beschenkt zu werden. Deshalb können sich Herz und Seele dabei auch wohlfühlen. Am Ende ist man zwar müde, aber alles andere als „völlig fertig".

Nun kann nicht gleich bei jedem Laufen ein Hochgefühl erwartet werden. Allein das Laufen ist schon gut und entstresst. Auch bietet beispielsweise in der beständig gleichen Laufstrecke die Natur dennoch unterschiedliche Wahrnehmungsmöglichkeiten.

Meinen Gang kenne ich zu allen Jahreszeiten. Im Frühling mit zartem Grün und dem Gesang der munteren Vögel, im Sommer mit dem Duft der Linden und Akazien, im Herbst mit all dem bunt raschelnden Laub und im Winter mit Rauhreif und krächzenden Raben.

„Ich habe erst nach dem Abendessen Zeit, um draußen ein halbes Stündchen zu laufen", sagte mir ein Bekannter. Oft blieb er anschließend noch eine Weile stehen, um im Dunkeln nach oben zu schauen. „Einfach wunderbar, was es da so alles zu sehen gibt", meinte er, „phantastisch, die Unsumme der blinkenden Sterne am Firmament." Bei guter Sicht erkenne er nach und nach auch einige Sternbilder, die Waage, den Schwan, den großen Wagen ...

Wie klein erscheine ihm da so manches Problem bei so viel endloser Größe. Einfach toll, da draußen!

All das sind Geschenke der Natur, die bei einem Gang nach draußen Herz und Seele weiten. Ja, mit offenen Sinnen ein Stündchen laufen, das reicht aus, um anschließend wieder besser in den Spiegel schauen oder am Abend friedlich und dankbar die Augen schließen zu können.

Mein Urgroßvater, den ich als Kind noch gut kannte, hatte sich den frühen Morgen für sein Laufstündchen erkoren. Ob Winter oder Sommer, er stand jeden Morgen um 06.00 Uhr auf und ging nüchtern eine halbe Stunde zur Kirche in die Frühmesse. Ich habe ihn nie hasten oder rennen gesehen. Doch höre ich noch seinen Spazierstock, wenn er, tocktock, Schritt für Schritt gleichmäßig dahinlief. Tock, tock, tock...

Ende der 1950er Jahre gab es noch jeden Morgen um 07.00 Uhr einen Gottesdienst. Danach ging es zu Fuß wieder eine halbe Stunde zurück. Tock, tock tock ...

Erst dann frühstückte er gegen 08.30 Uhr. So ging das Tag für Tag. Er ging nicht je nach Lust und Laune oder Wetterlage. Er ging jeden Tag ...

Die geistliche Absicht bestärkte seinen Gang. So war er in Harmonie mit Körper, Geist und Seele. Er hatte ein *Wofür* und fragte gar nicht erst: „Warum?" Das erhielt ihn gesund, ausgeglichen und zufrieden.

Auch Immanuel Kant (1724–1804) machte das so. Es ist überliefert, dass sich nach seinem täglichen Spaziergang die Uhren stellen ließen. Nichts brachte ihn davon ab. Er pflegte ohnehin einen gut strukturierten Tagesablauf, der es ihm ermöglichte, frei von wechselnden Zeitentscheidungen, in Ruhe ein großes philosophisches Werk zu schaffen.

Stabilitas heißt in der Klostertradition diese Beständigkeit von wichtigen Lebenselementen. Gerade weil weitgehend bewegungsarme Tätigkeiten gesundheitliche Risiken bergen, hätte ein regelmäßiges Laufstündchen, als *Stabilitas* gewürdigt, wohltuende Wirkungen.

Eine mir bekannte Frau, die so ein Stündchen schon seit Jahren „stabil" in ihren Tagesablauf eingeplant hat und sich konsequent daran hält, kann gar nicht genug Vorteile aufzählen, die sie frisch und fit halten.

Dabei ist nichts Besonderes erforderlich, nur die Überwindung der Trägheit. Aber, konsequent einmal angefangen, gibt sich das mit der Zeit. Liefen wir nicht, würde uns etwas fehlen!

Stadien sind was für Sprinter,
wir Läufer haben die Natur.

JUHA VÄÄTÄINEN (* 1941)

Die erste halbe Stunde laufe ich für meinen Körper,
die zweite halbe Stunde für Geist und Seele.

GEORGE SHEEAN (1918–1993)

Sobald sich meine Beine bewegen,
beginnen meine Gedanken zu fließen.

HENRY DAVID THOREAU (1817–1862)

Wie du dich auch fühlst beim Laufen,
hinterher fühlst du dich besser.

FRED LEBOW (1932–1994)

Wenn du etwas nicht regelmäßig machst,
wirst du immer wieder etwas finden,
was dich davon abhält, dass du es machst.

CARL LEWIS (* 1961)

Jemand, der nicht gerne läuft,
schreit, dass der Weg holprig ist.

MEXIKANISCHES SPRICHWORT DER OTOMÌ

Ein guter Läufer murrt nicht im Regen,
er duscht beim Laufen unter einer Wolke.

HANS PETER ELZ (* 1955)

Jeden Tag ein Stündchen laufen –
und dabei schwitzend ruhig mal schnaufen.

Jeden Tag ein bisschen lernen

... und Oberflächliches entkernen. „Sich sammeln"; dabei kommt mir Aschenputtel in den Sinn, wie sie den Tauben zuruft: „Kommt und hilft mir lesen, die guten ins Töpfchen, die schlechten ins Kröpfchen."

Sammeln, so wird hier deutlich, ist Auslese, um die Spreu vom Weizen zu trennen. Wird geistig etwas gesammelt, ist das nicht anders. Es zeigt sich dabei, was stört und was förderlicher sein könnte. Und was müsste dann neu gelernt werden? Um Oberflächliches zu entkernen, hilft die Betrachtung oft mehr als kompliziertes Nachdenken. Quillt der Kopf über, fehlt dem Sammeln Ruhe und Sorgfalt.

Im Alltag zeigt sich uns das in einem wenig sorgfältigen Umgang mit Zeit und Sprache. Je fahriger der Umgang miteinander, je weniger Sammlung, umso undifferenzierter und empfindungsloser die Sprache; Palavern verdrischt die Schöngeistigkeit. Das Gesagte wird immer ungenauer. Der Kopf ist überfordert mit all den schlechten *News*; hastig werden Meldungen wahllos nur so ausgespuckt. Seriöse Informationen dringen kaum noch durch den Sensationswust. Statt Bildung dominiert die Verdummung. Was ins Töpfchen gehören könnte, um bewahrt, gehegt und gepflegt zu werden, wie Nachdenklichkeit, Feingefühl, Höflichkeit, Sitte und Anstand, all das geht im Geplärre unter. Wird Gutes weder geachtet noch lernend gepflegt, geht es „hammerhart" zur Sache. Der Schmonzes ergötzt sich nur so am „absoluten Wahnsinn", „einfach unbeschreiblich!". Und so scheint alles „megatoll" und „super".

Was uns aber alles so als „total irre" verkauft wird, verrät in Wahrheit Angst, die Angst, im hektischen Massenangebot von Informationen und Meinungen überhört zu werden oder unterzugehen. Entkernen wir nicht immer wieder dieses oberflächliche Getöse, sind wir versucht mitzumachen ohne zu merken, wie wir selbst dabei verdummen.

„Die verbale Aufrüstung" wird immer rücksichtsloser, immer vulgärer. Statt klug sammelnd abzuwägen, um sachlich argumentieren zu können, „wird ausgeteilt".

Am Ende will jeder jeden übertönen. Reaktionärer Radau mündet im Pöbeln. Nein, da ist nichts mehr zu lernen, da hilft nur noch: Entkernen.

Zeigt sich schon im familiären Umfeld eine oberflächliche Lernkultur, wird auch eine sorgfältige Wertevermittlung vernachlässigt. Und so gilt es nicht von ungefähr als *cool,* Sitte und Anstand zu verschmähen. Die Schule ist damit überfordert, solche sozialen Verwilderungen zu entkernen. Wenn bereits Lehrerangst gegenüber Schülern keine Seltenheit mehr ist, stellt sich die besorgte Frage, wo so etwas hinführt? Über die Verrohung unserer Gesellschaft braucht sich niemand mehr zu wundern.

Selbst wenn beim Lernen Fleiß dominiert, macht es der Notendurchschnitt allein auch nicht. Der Spruch: „Nicht für die Schule, sondern für das Leben lernen wir", gilt heute wohl eher umgekehrt. Noten entscheiden über den *Numeros Clausus* und dieser wieder über begehrte Studienzulassungen. Der Einwand, all das diene dem späteren Leben, ist wohl eher karrierebezogen, führt doch die humanistische Bildung eher ein Schattendasein. Zwar ist das Abitur heute fast schon selbstverständlich, sind dadurch aber die Probleme weniger geworden? Man könnte sogar meinen, sie hätten zugenommen. Der Umgang miteinander ist von einer Ellenbogenmentalität geprägt, die nicht viel Gutes erhoffen lässt. Lebenswissen wird vom Fachwissen überlagert. Verzwecktes Wissen blockiert die Weisheit.

Wer in der renommierten englischen Universitätsstadt Cambridge zu den Studiengebäuden gelangen will, wo beispielsweise auch der Astrophysiker Stephen Hawkin (1942–2018) lehrte, muss nacheinander drei Tore durchschreiten, die besondere Namen tragen:

Das Tor der *Demut*, das Tor der *Tugend* und das Tor der *Ehre*. Diese Eigenschaften sollen für das stehen, was ein gutes Studium komplett macht.

Sich die Demut zu bewahren, das bewahrt vor der Meinung, man wüsste und könnte alles. Nein. Wer nicht immer auch bereit ist, Wissen zu hinterfragen und Neues zu lernen, wird irgendwann zum Blender.

Sodann: *Sich bewähren*. Ja, sehr wohl zielstrebig sein, zugleich aber auch geduldig und tugendhaft. Tugend kommt von „taugen", das geht nur in der Bereitschaft, sich in erster Linie an „lebenstauglichen" Erfolgen zu orientieren, die dem Allgemeinwohl förderlich sind. Und dann schließlich:

Sich dankbar zeigen für Ehre und Erfolg, nicht hochnäsig werden wie ein stolzer Pfau, sondern mit dem erfüllenden Gefühl, ein Lebensziel erreicht zu haben. Denn am Ende geht es wiederum durch das Tor der Demut.

Letztlich kann keiner etwas mitnehmen, wieviel Geld, Macht und Erfolg auch immer angesammelt wurden. Letztlich geht es nur um die Frage, ob die Welt durch uns schlechter oder ein wenig besser geworden ist. Das zeigt sich uns aber schon jeden Tag, indem wir uns hin und wieder sammeln.

Dafür gibt es im englischen College eine stille Kapelle, um zwischendurch immer mal wieder innezuhalten, damit die Chance besteht, auf Wesentliches zu achten, um Oberflächliches zu entkernen.

Es reicht nicht, einfach nur schlau zu sein. Nicht umsonst schleicht sich dabei das Synonym „gerissen" ein. Fehlt die Herzensbildung, werden wir zu durchtriebenen Kurzdenkern. Über das schulische Lernen hinaus aber jeden Tag noch etwas dazuzulernen, weckt immer wieder neues Interesse am Leben.

Aufschlussreich ist das Wörtchen *hinterfragen.* „Dahinter" zu kommen, was so gespielt wird, ist lehrreicher als lediglich die Kenntnis. Der Tipp für Kinder lautet in der Sesamstraße: „Der, die, das – wer, wie, was. Wieso, weshalb, warum – wer nicht fragt, bleibt dumm."

Bei Erwachsenen ist das nicht anders; die nicht fragen, verdummen. Befriedigende Anworten wollen fragend ergründet werden. Oberflächliche Informationen, die ja wiederum zu oberflächlichen Betrachtungsweisen und Begegnungen führen, bewirken oft fragwürdige Entscheidungen und verhindern in wichtigen Lebensbereichen ein tieferes Verständnis. „Soll wohl stimmen", nein, besser ist es, den Geist zu trimmen!

Oberflächliches zu hinterfragen offenbart Wissenslükken. Jeder kann für sich entscheiden, ob und wie er sie schließt. Solange man sich aber interessiert und neugierig zeigt, solange werden sich auch befriedigende Antworten auf drängende Fragen ergeben, *Erklärungen,* die einstige Zweifel und Unklarheiten endlich zufriedenstellend klären. Das ordnet die menschliche „Innengestaltung".

Beeindruckend zeigt sich das auch in der über dreitausend Jahre alten chinesischen Harmonielehre des *Feng Shui* (Wind und Wasser). Dort zeigt sich „das Klare" auch in klaren Formen und Gestaltungsweisen. Das setzt voraus, dass alles Störende ausgeräumt (beseitigt) wird; denn es stört das *Chi*, die heilende Lebensenergie. Sie ist ja grundsätzlich „da", nur muss jeder auf seine Art die Voraussetzungen dafür schaffen, dass sie auch heilend wirken kann.

Unsere Kultur leidet darunter, dass jeder meint, er müsse auf seine Weise „irgendwie zurechtkommen". Dabei wird vergessen, dass alles mit allem zusammenhängt. Wurstelt jeder sich so durch, ohne vielleicht einmal zu hinterfragen, „wieso, weshalb, warum", ist von Harmonie und Freude wenig zu spüren.

Nach der Feng-Shui-Lehre kann das auch nicht anders. Denn hier heißt es unmissverständlich, dass alles Unklare und Unbeseelte den befreienden Fluss der Lebensenergie stört. Fehlt es am *Chi,* fehlt Beseelendes. Klärt sich hingegen das Trübe, Banale, Beschränkte und Oberflächliche, sind wir sogleich wieder durchströmt von stärkender Lebensenergie.

Darüber hinaus zeigt sich immer wieder, dass unbeherrschtes Herrschen alles andere als herrlich ist, angefangen von der Politik bis hin zum unbeherrschten Umgang mit der Technik. Auf kurz oder lang werden wir von den Konsequenzen eingeholt.

Um dem rechtzeitig entgegenzuwirken, wäre, gleichwertig zum Fachwissen, eine angemessene Vermittlung von Lebenswissen hilfreich. Das könnte sich in den Schulen schon durch eine Harmonielehre zeigen, oder durch so wichtige Fächer wie Friedenskunde, Tugend- und Sittenlehre, Empathie, höfliche Umgangsformen bis hin zur Vermittlung einer geordneten Haushaltsführung (praktische Kochkurse mit eingeschlossen). Ist das etwa weniger wichtig, als die Kenntnis binomischer Formeln?

Es soll hier nicht das Eine gegen das Andere ausgespielt werden; worauf es ankommt ist die Frage der Wertigkeit. Was nützen uns neunmalkluge Sprücheklopfer, die aber mit ihren Mitmenschen nicht richtig umzugehen wissen und selbst mit Geld und Lebensmitteln so ihre Probleme haben? Dominieren beispielsweise in den Medien Quoten, sinkt das Qualitätsniveau. Wird Wesentliches nicht beachtet, sinkt auch immer das Bildungsniveau. Und sind wir selbst nur bemüht, uns anderen gegenüber zu beweisen, werden wir auch wahrscheinlich nicht das Richtige lernen.

In einem Seminar sagte mir eine Frau einmal, sie hätte immer unter der Meinung gelitten, andere seien „schlauer" als sie. Und so habe sie Kurse besucht und sogar noch eine Fremdsprache gelernt. Irgendwann hätte sie gedacht, dass es wohl gar nicht allein am Lernen liege. Sie sei ja immer noch so zaghaft, ängstlich, empfindlich und voller Selbstzweifel.

Dann habe sie eines Tages einen netten Mann kennengelernt. Er habe sie auf Anhieb gemocht und ihre vornehme Zurückhaltung bewundert. Über ihre Einwände habe er gelacht und gesagt: „So wie du bist, bist du gut. So liebe ich dich." Von da an habe sie sich verändert. Sie habe erkannt: „Du hast gar nicht zu wenig gelernt im Leben. Du hast nur nicht richtig gelernt, dich selbst anzunehmen. Dir fehlte das richtige Lebenswissen!"

Nun erst seien ihre Ängste und Blockaden geschwunden. Locker und entspannt sei sie heute, heiter und lebensfroh. Jeder könne sich gar nicht oft genug sagen: „So wie du bist, bist du gut." Das ermögliche auch, das Richtige zu lernen. Jetzt wisse sie: *Richtig Lernen* macht richtig Spaß!

Wer kann schon alles wissen? Aber lernen, zu wissen, worauf es ankommt, das ist Lebenswissen.

Die Frau Albert Einsteins wurde einmal gefragt, ob auch sie wohl die Relativitätstheorie ihres Mannes verstehe? „Nein", antwortete sie, „aber ich verstehe meinen Mann."

Hinterfragen worauf es ankommt, und dieses Wissen im Leben umzusetzen, das bewahrt die geistige Freiheit. Wir verlieren sie aber, je mehr wir uns im Wissensdschungel verirren oder aber einfach nur alles laufen lassen – und so an uns selbst schließlich (ver)zweifeln.

„Klug" kommt aus dem Mittelhochdeutschen und bedeutet soviel wie „tapfer", „schön", „fein", „zart", ja, „weise". Entsprechend sucht die Klugheit, Wesentliches zur Geltung zu bringen. Das verhindert, neunmalklug zu werden, intelligent, aber arrogant. Das bewahrt davor, am Leben vorbeizulernen.

Wohl nicht umsonst steht die Klugheit an erster Stelle der antiken Kardinaltugenden, denn ihre Frucht ist die Weisheit. Dazu heißt es in der Bibel: „Unter den Übermütigen ist immer Streit (Spr 13,10)." Besinnliche Ruhe aber immer dort, wo jemand

„... lernend sich bemüht; dort wird Güte durch die Frucht der Weisheit erfahrbar (Spr 19,8)."

Jeden Tag ein bisschen lernen, das kommt nicht laut daher, dafür zielt die Aufmerksamkeit auf Wesentliches. Und Oberflächliches entkernen, das geht mit „Sammlung" einher: „Gutes ins Töpfchen, Schlechtes ins Kröpfchen".

Lernen heißt,
sich vom Oberflächlichen entfernen.

ERICH ELLINGER (1915–2013)

Die Oberflächlichen protestieren,
statt zu verhindern.

OTTO WEISS (1849–1915)

Wer nicht beständig täglich das tut,
was er für gut und richtig hält,
wird irgendwann mutlos und traurig enden.

KONFUZIUS (551–479 V.CHR.)

Der Unsinn wuchert,
das Gute durchdringt.

EMIL BÖCKENFELD (1904–1994)

Die Bildung kommt nicht vom Lesen,
sondern vom Nachdenken über das Gelesene.

CARL HILTY (1833–1909)

Sinn heilt verwundete Seelen.

VIKTOR E. FRANKL (1905–1997)

Das Wichtigste am Lernen ist,
selbständig denken zu lernen.

AUS DEM TALMUD

Demütige danken.
Hochmütige danken ab.

MEIN GROSSVATER, THEODOR SCHULTE (1889–1962)

Jeden Tag ein bisschen lernen –
und Oberflächliches entkernen

Jeden Tag was Schönes tun

... und hin und wieder auch mal ruh'n. Jeder Tag ist ein kleines Leben. Er ist es wert, dass wir uns über etwas Schönes freuen und von dieser Freude auch wiederum Schönes weitergeben. Dabei gibt es auch eine schöne introvertierte Seite, die dazu einlädt, entspannt, schön in Ruhe einfach einmal den Tag zu genießen und all das Schöne in der Gewissheit zu würdigen: Dieser Tag kommt nie wieder.

Jeden Tag was Schönes tun – und auch hin und wieder mal zu ruh'n, das ist ein gutes Stück Lebenskunst. Zwar hat jeder Tag auch seine Verpflichtungen, das, was getan werden muss, aber auch das lässt sich „schön machen". Warum beim Bügeln nicht auch Hörbücher hören? Beim Autofahren ließe sich singen oder schöne Musik hören. Und Wartezeiten könnten dazu genutzt werden, in Ruhe eine Weile zu entspannen, sich an Schönes zu erinnern oder ...

Warum sich langweilen oder ärgern, indes so viel Schönes getan werden könnte?

Achten wir nicht jeden Tag auf das Schöne, entgleitet es uns durch belastende Sachzwänge, wichtige Termine, Telefonate und ...

Und gähnende Langeweile, die nur dazu verleitet, die Zeit „totzuschlagen"?

Am Abend ist dann das Heute verloren – unwiederbringlich. Dann trösten wir uns mit dem Morgen, das aber auch nur wieder ein Heute bringen wird. Und wenn es Morgen nicht glückt, auch mal etwas Schönes zu tun (und wenigstens auch einmal ein bisschen zu ruh'n!), dann gelingt es vielleicht übermorgen ...

In Gedanken reihen wir so die Tage wie Perlen aneinander und verschieben damit unsere Wünsche und Bedürfnisse, und all das Schöne was möglich gewesen wäre, auf den Sankt-Nimmerleins-Tag.

Um nicht in diese Falle zu tappen, schrieb schon in grauer Vorzeit der Psalmist (Ps 90,12): „Unsere Tage zu zählen, lehre uns, oh Gott. Dann gewinnen wir ein weises Herz."

In diesem Bewusstsein könnte schon das Frühstück ein kleines Fest sein oder, wenn das nicht möglich sein sollte, das Abendessen. Vorher vielleicht gar gemeinsam kochen, wäre das nicht auch schön? Und dafür sollten wir keine Zeit haben? Es liegt doch an uns, ob wir das ermöglichen (wollen) oder nicht.

Auch tagsüber ist zwischendurch immer etwas Schönes möglich. Hier ein Kompliment, da die reine Freude über das Lächeln eines Kindes, dort ein freundliches Dankeschön und in Bus oder Bahn ein interessanter, kostenloser Anschauungsunterricht zur besseren Menschenkenntnis.

Lädt nicht auch mitten im Alltagsstress immer mal wieder eine Bank dazu ein, nun schön einen Moment zu ruh'n? Auch ein offenes Kirchenportal ist wie eine Einladung, sich bei besinnlichem Kerzenschein still für eine Weile auszuruhen und sich gleichzeitig ein wenig zu sammeln.

Schauen wir achtsam hin, so stellen wir fest: Eigentlich ist alles reichlich da, damit es uns *jetzt* gut geht. Wir müssen nur offen für all das Schöne und Gute sein, was jeder Tag für uns bereithält.

Meine Jahre bei den Otomì in Mexiko lehrten mich, dass der Mensch nur dann wirklich zu sich selbst finden kann, wenn er die Nähe der Natur sucht – und dabei auch Zeichen und Symbole findet, die helfen, seine unausgesprochenen Fragen zu beantworten.

Noch heute staune ich beim Anblick alter Fotos über die frohen, lachenden Gesichter der Otomí. Und doch, dort wo sie leben, in der kargen Halbwüste des Mezquital, sind ihre Lebensbedingungen alles andere als lebensfreundlich. Aber beispielsweise sehen sie im stacheligen Kaktus mehr als die Stacheln. Für sie sind die Stacheln schön, denn sie schützen das Wichtigste im Kern, Flüssigkeit, kostbar oft, um in Trockenheit und Dürre überleben zu können. Und aus dem milchig-süssen Saft der Agave quillt für sie Pulque, ein nahrhaftes Getränk, das bei fehlendem Wasser geradezu Labsal ist.

Schönes, Hilfreiches und Sinnvolles aus dem zu kreieren, was ist, erhält uns lebendig. Das setzt aber etwas Wichtiges voraus:

Nicht selbst ständig zu fragen, sondern sich selbständig vom Leben befragen zu lassen. Dann zeigt sich das wirklich Wichtige. Obwohl die Otomì in unserem Sinne so gut wie nichts haben, scheint es, es fehle ihnen nichts. Auch nicht an Zeit für das Schöne.

Gästen bieten sie sogleich einen Platz an mit der freundlichen Einladung: „Descance", das heißt, ruhe erst mal ein wenig ...

Sie sind gastfreundlich, großzügig, hilfreich und herzlich. In allem wissen sie das Schöne und Gute zu schätzen. Wieso das möglich ist?

Indigene Völker fragen anders als wir. Sie fragen nicht, *was* ist für mich gut, sondern *wofür* bin ich gut? Das schärft die Unterscheidung zwischen rastlosem Tun und Sinn für Schönheit. So braucht auch das Schöne nicht mit dem Zweckmäßigen konkurrieren. Also ist bei allem Tun am Tag auch noch genügend Zeit für Rast und Ruh, Zeit, um es sich nun einfach ein bisschen schön zu machen. Oh je, wenn dafür keine Zeit mehr wäre ...

„Bién", gut, ist denn auch eines ihrer Lieblingswörter – und man glaubt es ihnen gerne. Es ist das Zauberwort für ihre nie versiegende Lebensfreude, die sich, bei besonderen Anlässen im Jahr, in rauschenden *Fiéstas* zeigt. Einfach das Leben schön finden und es dankbar feiern, warum nicht?

Eine Antwort könnte sein, dass unser Denken und Tun zu sehr zweckorientiert ist und dabei das Schöne und Erholsame vernachlässigt wird. So wird Kunst als Kapitalanlage gehandelt und gigantische Unterhaltungsmärkte halten für Unsummen unzählige Apparate bereit, nur dass es uns nicht langweilig wird! Wer aber singt noch selbst?

So geht es weiter: Strapaziöse Fernreisen, „recht günstig", statt schöne Wanderungen oder Radtouren durch unbekannte heimische Landschaften. Es ließe sich mit Goethe (1749–1832) auch sagen: „Warum in die Ferne schweifen, sieh, das Schöne liegt so nah."

Das schließt nicht aus, sich hin und wieder auch Besonderes zu gönnen. Auch das ist schön. Sollen *Highlights* aber nur beeindrucken, frisst am eigentlich Schönen gleich der Stress. Das Schöne verbindet uns mit uns selbst, Stress entfremdet uns von uns selbst.

Wer sich Schönes gönnt, schenkt sich selbst Zuneigung. Das öffnet die Sinne. Wir sehen und hören besser, riechen feiner, berühren etwas behutsamer, ja, Körperwahrnehmungen wirken beglückender, kurzum, *alles wird irgendwie schöner.* Ist dieses Gefühl gegeben, ist auch Zeit für die Muße.

Viele Menschen, die in Hektik und Stress durchs Leben eilen, glauben, Muße sei reine Zeitverschwendung. Dabei ist die Muße so etwas wie ein kreativer Nährboden für neue Entwicklungsprozesse. Phantasie wird frei und Schönes schillert durch. Da zeigt sich uns etwas, was raus will aus dem engen Korsett eingefahrener Denkstrukturen. Wünsche nach positiven Veränderungen regen sich. Wandel will wirken.

Und doch kann es sein, dass trotz schöner Begleitumstände der Blick für das Schöne verstellt ist. Wir wissen auch nicht warum. Grund dafür könnten Überbleibsel unverarbeiteter Verletzungen und Frustrationen sein, die immer wieder unsere Blickrichtung eintrüben, sobald sich uns Schönes und Heilendes zeigen will. Vielleicht fühlen wir uns dann erst recht beschämt, schuldig, unverstanden ...

Und so sind wir unzufrieden und der Konjunktiv bestimmt das Denken. Im Schönen zeigen sich nur verpasste Gelegenheiten, keine Chancen. „Hätte ich nur", „könnte ich noch", „wäre es doch ..."

Das endet im Selbstmitleid.

Dann wieder gibt es Situationen, wo es schwerfällt, überhaupt noch Schönes zu entdecken. Hilfreich könnte sein, statt nach außen, nach innen zu schauen. Ist da nicht auch viel Schönes, was sich uns mal wieder zeigen könnte?

So wie eine alte Frau, die ihr Leben lang schöne Bilder gesammelt hatte. Allein am Rahmen kannte sie bereits jedes schöne Stück. Nun war sie aber im Alter erblindet. Dennoch nahm sie täglich ein anderes Bild in die Hand, betastete den Rahmen und erfreute sich an der Schönheit dieses Kunstwerkes.

Nach und nach aber verkauften geldgierige Familienangehörige heimlich die wertvollen Bilder und ersetzten sie durch bepinselte Papierbögen.

Ergriffen erzählte eines Tages ein Besucher, wie die Frau ihm begeistert die schönen Bilder erklärt hätte, obwohl es nur buntes Papier in opulenten Rahmen gewesen sei.

Im Herzen bewahrte Schönheit ist unvergängliche Schönheit!

Selbst das mögen Hirngespinste für vergrämte Menschen sein. Da sie zeitlebens Schönes gar nicht sehen wollten, kann es sich ihnen ab einem bestimmten Alter auch nicht mehr zeigen. Umso verbitterter werden sie.

Was zeigt das?

Wer nicht *jetzt* immer auch Augen für das Schöne hat, wird mit der Zeit schönheitsblind. Auch dagegen gibt es aus der alten Klostertradition Heilung: *Agere contra,* was soviel heißt wie: „Handle entgegen", „richte dich auf", „tue jetzt etwas."

Was? Duschen oder ein pflegendes Bad. Laufen, Fahrradfahren, Blumen gießen oder in den Wald gehen. Gibt es dort einen Lieblingsbaum? Auch ließe sich mit Pflanzen sprechen. Singen hilft immer, ebenso wie liebe Menschen mit Kleinigkeiten überraschen. Schlechtes für sich behalten und Gutes weitererzählen. Mehr loben statt lästern. Einfach mal die Beine hochlegen und tief durchatmen, dabei dankbar an etwas Schönes denken, meditieren, beten ...

All das soll nicht schön sein?

Und an jedem ersten Samstag im Monat ließe sich ein „Tag der Bejahung" einfügen. An diesem Tag ohne Widerstände einfach alles so bejahen, wie es ist. Das fördert die Akzeptanz des Unabänderlichen und weckt zugleich kreative Lösungen, aus den gegebenen Umständen das Beste zu machen; statt Gedankenirrfahrten das Nächstliegende tun, „es einfach schön finden".

Schönes tun, das ist auch ein Ruhen im Schönen, bejahend Schönes geschehen lassen, mit Schönem in Verbindung sein.

Im letzten Frühsommer saß ich in der mild wärmenden Sonne in der Mittagspause mit einem Mönch still auf einer Bank am Weiher des Klostergartens. Zwei bunte Schmetterlinge umgaukelten uns leichthin. „Schön", sagte ich. „Ja, schön", antwortete einsilbig der Mönch – und wies auf das spiegelnd glatte Wasser. Dann flüsterte er: „Oh, wie blind sind wir alle."

Nun sah ich sie, winzige Schwimmkäfer. Funkelnde Pünktchen im Licht der Sonne zogen gleichmäßig feine Linien hinter sich her. Ganz ruhig. Beispiellose Kunstperformence. Was für ein Bild. Wir ruhten im Schönen. Und über uns tanzten prächtige Falter. Es ging gar nicht schöner mehr ...

Du kannst nicht schlecht denken,
wenn du etwas Schönes tust.

PAPST JOHANNES XXIII. (1881–1963)

Starke Menschen wissen,
sich beizeiten auszuruhen.

MEINE GROSSMUTTER ANNA SCHULTE (1895–1981)

Phantasie ist wichtiger als Wissen.

ALBERT EINSTEIN (1879–1955)

Schönheit ist die Magie der Materie.

FRIEDRICH HEBBEL (1813–1863)

Spannst du eine Saite zu stark, wird sie reißen,
spannst du sie zu schwach,
kannst du nicht auf ihr spielen.

BUDDHA – SIDDHARTA GAUTAMA (ca. 500 v. Chr.)

Hastig genießen, das geht gar nicht.

CLEMENS WILMENROD (1906–1967)

Man sollte nie soviel zu tun haben, dass man
für etwas Schönes keine Zeit mehr hat.

GEORG CHRISTOPH LICHTENBERG (1742–1799)

Wenn man alles berechnet, gelingt nichts.

ROMANO PRODI (* 1939)

Ein Feld, das geruht hat, trägt herrliche Früchte.

OVID (43 v.Chr.–17 n. Chr.)

Jeden Tag was Schönes tun –
und hin und wieder auch mal ruhn.

Jeden Tag bejahend lieben

... und Freudiges ja nicht verschieben. Das ist mit das Wichtigste überhaupt. Warum? Weil Liebe und Freude regelmäßiger Aufmerksamkeit bedürfen; sonst verdunsten sie. Dann stumpfen wir ab und funktionieren nur noch. Die Mundwinkel hängen nach unten. Kleine Irritationen und Versehen genügen, um zu murren und zu nörgeln. Statt Ja, immer öfter ein Nein. Wird so ein Verhalten nicht korrigiert, verwächst es sich zu einer schlechten Gewohnheit mit der widerborstigen Rechtfertigung: „Man darf doch noch wohl was sagen dürfen." Aber nicht, um zu maulen, zu verneinen und Bejahendes zu ignorieren.

Alles lieb und schön? Nein. Keiner ist ohne Fehl und Tadel. Überhaupt ist nichts perfekt. Wir sind nun mal Geschöpfe mit brüchigen Charakteren. Manchmal steigen unvermittelt Gedanken auf, die man gar nicht haben will, die Liebe und Freude vielleicht sogar vergiften können, wenn ihnen nicht Stärkendes entgegengesetzt wird.

Da hilft schon die Erkenntnis, dass es nichts in Reinkultur gibt. Gewohnheitsmäßige Schwarzmalerei führt in Ablehnung und Resignation, Schönfärberei möglicherweise in den siebten Himmel, doch alsbald mit der beängstigenden Erkenntnis, aus allen Wolken zu fallen.

Voreilige Verabsolutierungen sind verhängnisvoll. So zeigt sich „die Liebe" erst in schlechten Zeiten. Da hilft das Bild der Waage schon besser.

Um mit der jeweiligen Lebenswirklichkeit ins rechte Verhältnis zu kommen, hilft es, das in allem wirkende Gesetz von Brechung und Mischung zu beachten; es durchzieht alles im Leben. Wir selbst sind nicht das

Gute, sondern nehmen immer nur daran teil. Das, was wir sehnend gerne verabsolutieren, findet sich nur in Brechungen und Mischungen, einmal vielleicht stark anziehend, dann möglicherweise wieder abstoßend. Wie sonst könnten sich einst Liebende heute hassen?

Wenn wir nicht jeden Tag *geistesgegenwärtig* hinschauen, wohin das Pendel schlägt, wackeln wir selbst mit dem Pendel hin und her und wissen weder ein noch aus – einmal himmelhoch jauchzend, dann wieder zu Tode betrübt. Und das soll nun Liebe sein?

Geistesgegenwärtig, das heißt, Ausschau halten, was *jetzt* liebend gern bejaht werden könnte. Das ist nur jetzt so da. Die Meinung, dass es den eigenen Vorstellungen nicht so ganz entspricht und es vielleicht noch besser ginge, macht aus einem Ja ein Nein. Im *Jein* steckt immer der Zweifel und „der Zweifel tötet". Bejahung liegt in der Akzeptanz. Ersinnt der Kopf aber darüber hinaus noch alles Mögliche, spukt es nur so von Vergleichen. Es wird immer komplizierter. Das Eigentliche wird bezweifelt und scheint mit Fehlern und Mängeln behaftet.

Wie ließe sich bei aufkommenden Zweifeln etwas lieben? Wer meint, das Liebenswerte könnte vielleicht noch etwas liebenswerter sein, liebt es schon nicht mehr. Das zeigt:

Wenn etwas nur im Hier und Jetzt möglich ist, dann ist es die Liebe und die Freude, etwas, was *jetzt* das Herz bewegt! Das lässt sich nicht verschieben. Tolstoi (1828 – 1910) sagt es unmissverständlich: „Liebe in der Zukunft gibt es nicht." Man stelle sich vor, jemand würde sagen: „Ich versuche mal, bei nächster Gelegenheit auch etwas lieb zu sein, aber im Moment habe ich keine Zeit dafür."

Mit der Freude verhält es sich nicht anders. Sogar die Vorfreude ist Bestandteil der Freude, wir empfinden sie ja *jetzt*. Wer weiß schon, wie sich „die echte Freude" irgendwann mal zeigen wird? Dem Gesetz der Mischung und Brechung nach freut es sich Morgen, wenn überhaupt, anders als heute. Spielt das etwa jetzt eine Rolle? Und so leben die Liebe und die Freude vom rechten Augenblick. Das macht Liebe und Freude ja auch so schön, dass sie einzigartig sind.

Umgekehrt heißt das: Alles, was wir nicht bejahen, belastet uns und beeinträchtigt die Freude. Es gibt keine bessere Definition für die Liebe als *Ja-sagen-können*. Können setzt im vorhinein Entscheidungsabwägungen voraus, die das *Ja* dann auch ohne Wenn und Aber stützen. *Etwas* bejahend lieben, heißt ja nicht, *alles* bejahend zu lieben. Erst dann ist es auch kein oberflächliches Ja, sondern ein freudiges Ja. Und doch ist man damit nie „fertig". Bejahendes will immer umhegt sein.

So entwickelt sich eine echte, personale Bindung erst, wenn Liebende sich jeden Tag (neu) bejahend aufeinander einlassen – und eben nicht alles nur dem Zufall überlassen. In der elterlichen Liebe zeigt sich das in der täglichen Fürsorge zum Kind. Wie und wann wäre da wohl „fertig geliebt"?

Jeden Tag bejahend lieben und Freudiges ja nicht verschieben, das bewahrt davor, dass Liebe abstumpft und sich verflüchtigt. Vorsicht, in der Bibel heißt es: „Ohne Liebe ist alles nichts" (1. Kor 13).

Wenn dem so ist, so liegt es an uns, im Spektrum der Brechungen und Mischungen immer wieder jeden Tag neu *das* zu erkennen, was der Liebe förderlich ist. Ob wir liebend leben oder nicht, spiegelt sich im täglichen

Denken und Tun wider, es zeigt sich entweder in Gutwilligkeit oder Unwilligkeit.

Richtig erkannte das schon im 6. vorchristlichen Jahrhundert der chinesische Philosoph Laotse. Ihm werden die folgenden Zeilen zugeschrieben:

Selbstbewusstsein ohne Liebe macht überheblich.
Bildung ohne Liebe macht besserwisserisch.
Tatkraft ohne Liebe macht verbissen.
Pflicht ohne Liebe macht verdrießlich.
Ordnung ohne Liebe macht kleinlich.
Besitz ohne Liebe macht raffgierig.
Verantwortung ohne Liebe macht anmaßend.
Macht ohne Liebe macht gewalttätig.
Gerechtigkeit ohne Liebe macht hartherzig.
Moral ohne Liebe macht richtend.
Glaube ohne Liebe macht fanatisch.
Alleinsein ohne Liebe macht einsam.
Und Liebe ohne Eigenliebe macht krank.

Jeden Tag bejahend lieben, das meint auch den täglichen Blick in den Spiegel, sich zulächeln, ein Auge zukneifen, sich bejahen. Oder sich für etwas belohnen, sich hin und wieder Gutes gönnen. Falsch verstandene Eigenliebe aber verkommt zur Egozentrik, die die Liebe vergiftet.

Habe *ich* den Eindruck, dass ich zu wenig Anerkennung bekomme, klage ich die anderen an. Bin *ich* der Meinung, es sei noch nicht gut genug, werde ich pedantisch und ärgere mich über die mangelnde Ordnungsliebe anderer. Mache *ich* mein Geltungsbedürfnis von Besitz und Macht abhängig, werde ich rücksichtslos und raffgierig. Hege *ich* die Vermutung, ich müsste viel dafür tun, damit andere mich mögen, bleibe ich mir selbst gegenüber immer unzufrieden und werde letztlich krank.

An sich entspringt jeglicher Mangel an Freude einer mangelnden Eigenliebe. Das blockiert wiederum eine liebevolle Gesinnung anderen gegenüber. Es ist wie mit einem Bumerang. Wer meint, er müsse sich immer rechtfertigen oder beweisen, wird hart, hart auch anderen gegenüber. Und so dreht sich die Ärger- und Angriffsspirale. Von Freundlichkeit und Liebe keine Spur ...

Wer sich selbst annehmen und bejahen kann, der muss nicht unbedingt mit anderen konkurrieren, um sich gut zu fühlen. Bei rigorosen Konkurrenzkämpfen, Neid, Eifersucht oder Rufschädigungen, geht es im Grunde gar nicht um andere, sondern um verzerrte Widerspiegelungen der eigenen Ängste und Unsicherheiten, die auf diese Weise nur nach außen hin auf andere projiziert werden, um sich selbst anders darzustellen als man ist.

Wer mit sich selbst nicht zufrieden ist, fühlt sich gedrängt, auch an anderen herumzumäkeln; das lenkt nicht nur von eigenen Unzulänglichkeiten ab, sondern gaukelt auch noch vor, „besser zu sein" als andere.

Ist das Ja nicht echt, wird gerne auch eine Maske aufgesetzt, die anderen vortäuscht, sie zu mögen, obwohl zur gleichen Zeit im Geheimen entgegengesetzte Gedanken gehegt werden, die trennende Emotionen bewirken. Ist aber unser Geist gespalten, täuschen wir nicht nur andere, sondern auch uns selbst. Wie soll da Bejahung möglich sein? Widerstrebende Gedanken können nichts Schönes bewirken; denn Hintergedanken sind hindernde Gedanken, die Liebe behindern.

Statt dessen haben wir uns „in der Gewalt". Sich daraus zu lösen, ja, zu erlösen, ist durch die Beachtung freudiger Gegebenheiten möglich, die den verhärteten Ego-panzer *mit einem Ja* durchbrechen, *das aus dem Herzen kommt.* Dieses Ja ist kein: „Na ja." Dieses Ja wählt im Ge-mischtwarenladen des Lebens das Liebe und Erfreuliche aus und davon ist genug im Angebot.

Ich möchte dich lieben,
ohne dich einzuengen;
dich in die Arme nehmen,
ohne dich zu erdrücken.

Ich möchte dich wertschätzen,
ohne dich zu bewerten;
dir etwas schenken,
ohne Erwartungen daran zu knüpfen.

Ich möchte mit dir reden,
ohne dich zu belehren;
dir die Wahrheit sagen,
ohne dich zu verletzen.

Ich möchte dir helfen,
ohne dich abhängig zu machen;
mich um dich kümmern,
ohne dich ändern zu wollen.

Ich möchte dich einfach lieben,
ohne dabei zu sieben.

Liebe ist nicht das, was man erwartet zu bekommen,
sondern das was man bereit ist, zu geben.

KATHARINE HEPBURN (1907–2003)

Liebe, und dann tu was du willst.

AURELIUS AUGUSTINUS (354–430)

Die Liebe hat ihren Instinkt;
sie weiß immer den Weg zur Freude.

HONORÈ DE BALZAC (1799–1850)

Alles was man liebt, wird zur Quelle der Freude.

THOMAS VON AQUIN (1225–1274)

Freude heißt die starke Feder
in der ewigen Natur.
Nur die Freude treibt die Räder
in der großen Weltenuhr.

FRIEDRICH VON SCHILLER (1759–1805)

Die liebende Bejahung
ist Keim der Lebensfreude.

CARL LUDWIG SCHLEICH (1859–1922)

Wissen ohne Liebe bläht auf.
Liebe ohne Wissen verstrickt sich in Irrtum.

BERNHARD VON CLAIRVAUX (1090–1153)

Liebe und Freude machen schön.

AUS FRANKREICH

*Jeden Tag bejahend lieben
und Freudiges ja nicht verschieben.*

Jeden Tag mit festen Händen,

... das was stört, vernünftig wenden. Eine der vier Kardinaltugenden ist die Tapferkeit; das mag ein wenig nach Rittertum klingen, heute könnte es aber auch Zivilcourage heißen. Es gibt Situationen, die uns herausfordern. Ein „weiter so" könnte verhängnisvoll sein, ein Wegducken schuldbelastet wirken. Da drängen sich die drei Fragen des Rabbi Hillel (110 v.Chr.–10 n.Chr.) auf:

1. Wenn *ich* es nicht tue,
   wer soll es dann tun?
2. Wenn ich es *jetzt* nicht tue,
   wann soll ich es dann tun?
3. Wenn ich es überhaupt nicht tue,
   wie fühle ich mich dann?

Das bringt Klarheit. Jeden Tag mit festen Händen, das was stört, vernünftig wenden, heißt: Hinschauen, sich nicht wegducken, anpacken, sich einmischen, nicht mit seiner Meinung hinter den Berg halten und zu seinen Überzeugungen stehen. Wenn nicht, könnten „Sünd und Schande" fröhliche Urständ feiern.

Sünde, ließe sich fragen, ist das nicht auch so ein Wort aus vergangenen Zeiten? Dann ist es aber umso erstaunlicher, dass es heute immer wieder in aller Munde ist. Es bringt etwas zum Ausdruck, was *so* nicht richtig sein kann, ja, vielleicht sogar diametral zu dem steht, was wir Menschen uns wünschen: Gerechtigkeit, Ehrlichkeit, Harmonie bis hin zum Glück.

Verniedlichungsformen wie der „Parksünder" oder die „Modesünden" winden sich um das Eigentliche, ein

„*absonderliches*" Verhalten. Denn das Wort *Sünde* leitet sich ab aus dem mhd. *sunder* in der Bedeutung von *absondern, allein, verloren ...*

So war früher der *Sundermann* jener, der allein an einer abgelegenen Stelle siedelte. Und Ortsnamen wie *Sundern* weisen auf vom Ortskern abgesonderte Gebiete hin.

Um sich aber aus *Absonderungen* zu befreien oder sich von *absonderlichen Verhaltensweisen* zu lösen, ist Umkehr nötig, also schauen und das ändern, was das Gute behindert, sprich: „Mit festen Händen, das was stört, vernünftig wenden." Ansonsten wird durch Ärger alles nur noch ärger. So müssen auch einem Ingrimm beizeiten seine Grenzen aufgezeigt werden, sonst bleibt es eine Qual mit ihm.

Meint *einer*, er brauche andere nicht, ja, die anderen „könnten ihn mal", ist das auf sozialer Ebene ähnlich krank wie im klinischpathologischen Sinne das Karzinom. Das Karzinom ist rücksichtslos auf Konfrontationskurs, Kooperation gibt es nicht. Die Folgen sind verheerend.

Entsprechend sieht der Schweizer Arzt und Kulturphilosoph Max Picard (1888–1965) im Krebs analog „die Krankheit unserer Zeit". Ein Karzinom benimmt sich zusammenhanglos, will nur etwas für sich sein, setzt sich überall durch und wuchert, als ob es gar nicht zum Körper gehöre. Es benimmt sich so, als wäre ihm der ganze Körper egal. Wird nichts dagegen unternommen, zerstört das Karzinom rücksichtslos den ganzen Körper. Die medizinische Gegenwehr bietet denn auch alles auf, was den gefährlichen Widersacher ausschalten kann.

Um in unserem Beispiel zu bleiben, ist falsche Rücksichtsnahme folgenschwer, dann hilft nur eins: Mit festen Händen, das, was stört, so gut es (noch) geht, zu wenden.

Toleranz mit streitsüchtigen Strolchen, Furien und Flegeln, mit illegalen Machenschaften, kaltschnäuzigen Kriminellen, hadersüchtigen Horden und verschlagenen Intriganten ist nicht nur dumm, sondern verheerend. Eine falsche, trügerische Toleranz kann zersetzend wirken. Dabei führt ein Nichthandeln zu einer komplizenhaften Mittäterschaft.

Erscheint eine Konfliktlösung aussichtslos, ist nicht die Tugend der Tapferkeit, sondern die der Klugheit gefragt. Im Umgang mit Uneinsichtigen helfen auch keine festen Hände, sondern nur die feste Absicht, diesem Spuk ein Ende zu bereiten. Notfalls gibt es ja auch noch die Justiz.

Wird aber nicht auch den kleinen Quälgeistern, Querulanten und Egomanen die Stirn geboten, vergiften auch diese das soziale Klima. Hier gilt besonders der Hinweis: Wehret den Anfängen.

Recht wird dort zu Unrecht, wo keiner sich mehr klar zu Recht und Ordnung bekennt oder diese Werte durch spitzfindige Auslegungen entstellt werden.

Toleranz darf nie so weit gehen, dass dem Ärgernden mehr Verständnis entgegengebracht wird als dem Duldenden. Toleranz zeigt sich in Achtung durch Selbstachtung. Ist dem nicht so, ist Zeit zu handeln.

Der soziale Frieden ist und bleibt ein fragiles Gut, das – täglich neu – durch Zivilcourage zu schützen und zu verteidigen ist. Das heißt: Dissonanzen beim Namen nennen, sie weder verharmlosen noch verschweigen. Wenn geboten, immer wieder: Jeden Tag mit festen Händen, das was stört, vernünftig wenden.

Viktor Frankl (1905–1997) spricht in diesem Zusammenhang von der *Trutzmacht des Geistes*; denn: „Gelingendes Leben hängt nicht von den Bedingungen ab, die wir antreffen, sondern wie wir uns dazu stellen, also von den Entscheidungen, die wir selber treffen." Und wie wir sie umsetzen, könnte ergänzend noch hinzugefügt werden.

Lassen wir aus Bequemlichkeit und einem Mangel an Zivilcourage alles nur einfach laufen, dürfen wir uns nicht wundern, wenn andere mit uns machen, was sie wollen.

„Man kann ja doch nichts machen", ist eine oft geäußerte, resignierende Aussage, die letztlich nichts Gutes bringt. So wird die Chance zur Verbesserung von vornherein ad absurdum geführt. Wer seine Hände einfach nur in den Schoß legt und meint, es sei ja doch alles sinnlos, wird zum Schwätzer, Nörgler und Schwarzseher.

Es scheint, sie würden immer mehr, die Komplizen des Unglücks. Selbst zwar keine grollenden Poltergeister, trauen sie aber auch kaum noch einem Menschen etwas Gutes zu. Dafür brüsten sich die Tadelsüchtigen lieber mit so abstrusen Sprüchen wie: „Ich vertraue nur meinem Hund." Und das soll dann etwa auch noch so stehen bleiben?

Würden sich diese krittelnden Raunzer doch nur einmal fragen, was helfen würde, um mit ihren Bedürfnissen nach Sympathie und Freundschaft nicht auf den Hund zu kommen, gäbe es sicher gleich einiges zu tun, um ihren Stimmungspessimismus aufzuhellen. Da aber nichts gewendet wird, was stört, wird der Ärger nur immer ärger.

Dabei ist festzustellen, dass wichtige und schwerwiegende Ereignisse an sich gar keinen Ärger auslösen; es sind häufig nur Kleinigkeiten, „die Nadelstiche des Alltags", die uns in eine gereizte Stimmung versetzen. Und doch: Viele kleine Nadelstiche sind auf Dauer unangenehmer als ein Schicksalsschlag. Dem hat man sich zu fügen, weil er nicht zu ändern ist. Ärger aber kann jederzeit geändert werden. Eben dieses Wissen mit dem Eingeständnis, nichts zu tun, vergiftet ein gedeihliches Miteinander und die eigene Zufriedenheit.

Im *Feng Shui* gibt es dafür „die Geschichte des Astmanns". Sie zeigt, wie tragisch es enden kann, wenn nicht *rechtzeitig* Störendes mit festen Händen abgewendet wird.

Es war also einmal ein Mann, der sich über einen herabhängenden Ast vor seiner Haustür ärgerte. Um ihn zu entfernen, war der Mann jedoch nicht bereit, seine stumpfe Säge schärfen zu lassen. Das war ihm zu viel Aufwand. Für das Geld kaufte er sich lieber ein paar zusätzliche Portionen fein soßierten Kautabak.

Da er sich mit der Zeit immer ein wenig bücken musste, um ins Haus zu kommen, ging er schon ein wenig krumm. Das führte zu Rückenschmerzen, die er mit Alkohol zu betäuben suchte. So verlor er seine gut dotierte Arbeitsstelle. Auch hatte ihn längst seine Frau verlassen, da mit ihm kein gutes Auskommen mehr möglich war. Doch der Mann wähnte sich um alles in der Welt betrogen und grantelte nur noch herum. Die Leute nannten ihn despektierlich nur noch den *Astmann*. Eine Nachbarin hatte Erbarmen mit ihm. Sie wollte sich um ihn kümmern. Als sie sich einmal an dem herabhängenden Ast verletzte, maulte der Astmann grob, sie hätte nur besser aufpassen sollen. Das erzürnte sie so sehr, dass sie von nun an sein Haus mied.

Nun war beim Astmann Matthäi am Letzten. Dem Alkohol verfallen stürzte er eines Tages im Delirium mit lautem Wahngeschrei über den herabhängenden Ast und brach sich das Genick.

Wie anders hätte alles werden können, hätte der Astmann nur rechtzeitig mit festen Händen das gewendet, was einst störte ...

Doch aufgepasst: Erst kombinieren, dann reagieren. Es reicht nicht, lediglich etwas hin und her zu wenden, einfach nur was zu tun. Nein. Entscheidend ist das Wort „vernünftig", also angemessen und sinnvoll zu handeln. Worauf es ankommt ist, im entscheidenden Moment auch das Richtige zu tun.

So mühte sich ein Mann einmal damit ab, einen großen Holzstoß kleinzusägen. Er kam aber mit der mühseligen Arbeit nicht recht voran. Da riet ihm einer, der vorbeikam: „Du solltest deine Säge schärfen." Doch der Mann gab schwitzend und schnaufend mürrisch zur Antwort: „Herrjeh, dafür hab ich jetzt nicht auch noch Zeit! Ich muss hier zuerst mit meiner Arbeit fertig werden."

Na, dann soll er sägen ...

Wo der Mut keine Zunge hat,
bleibt die Vernunft stumm.

JUPP MÜLLER (1921–1985)

Wenn Gute meinen,
das Böse schonen zu müssen,
werden sie zu Komplizen des Unheils.

JULIUS HACKETHAL (1921–1997)

Wo keine Strafe droht,
ist die Bosheit schnell am Werk.

BIBEL, KOH 8,11

Wer neue Heilmittel scheut,
muss alte Übel dulden.

FRANCIS BACON (1561–1626)

Wer nicht mutig handelt,
wird übermütig behandelt.

KARDINAL VON GALEN (1878–1946)

Man kann niemanden überholen,
wenn man in seinen Fußstapfen läuft.

FRANCOIS TRUFFAUT (1932–1984)

Wer mit Hunden ins Bett geht,
steht mit Flöhen auf.

LEBENSWEISHEIT AUS DEM MÜNSTERLAND

Die Welt hat genug für jedermanns Bedürfnisse,
aber nicht für jedermanns Gier.

MAHATMAGANDHI (1869–1948)

Jeden Tag mit festen Händen,
das was stört, vernünftig wenden.

Jeden Tag auch mal ein Nein

... und trennen zwischen Schein und Sein. Wohl jeder hat schon die Erfahrung gemacht, dass es mit dem Neinsagen nicht immer einfach ist. „Nein", das klingt so zurückweisend. Das verträgt sich nicht mit Herzlichkeit und Empathie, nach der wir uns alle sehnen. Dann ist da auch noch der Altruismus (uneigennützige Denk- und Handlungsweise). Und schon wieder knirscht es beim Nein. Nein, leicht ist es nicht mit dem Nein.

So nobel auch die Selbstlosigkeit ist, sie darf aber nicht soweit gehen, dass ich dabei mein Selbst los werde. Dann braucht es ein Nein; kein billiges, rüdes, aufmüpfiges Nein, nein, ein klares Nein, das Grenzen wahrt.

Ja, ein Ja kommt immer angenehmer daher, zumal ja Liebe und Bejahung identisch sind. Nutzt der Andere aber mir gegenüber mein Ja aus, bedeutet das Nein für ihn ein Ja für mich. Ja, diese Abwägung zwischen den Werten der Nächsten- und Eigenliebe ist eine Gewissensentscheidung.

So, wie ein aufrichtiges Ja nicht schönredet, so muss auch ein aufrichtiges Nein nicht gleich missachtend sein, vielmehr klärend, um zwischen Schein und Sein besser unterscheiden zu können.

Meint beispielsweise jemand, er könne es „mit mir machen", so bin ich daran nicht unschuldig. Ein instabiles Selbstwertgefühl ist die Ursache dafür, dass ich es rechtzeitig versäumt habe, ihm klar und deutlich aufzuzeigen, wo seine Grenzen sind. Ein klares Nein schützt diese Grenzen: „Nein, so nicht mehr", „Nein, mit mir nicht", „Nein, das finde ich gar nicht mehr gut", „Sie können reden wie Sie wollen, aber das möchte ich nicht".

Wer aus falscher Gutmütigkeit alles laufen lässt, wird zum Opfer.

Und doch ist es immer wieder diese Angst vor Ablehnung, die uns „wackelig" werden lässt, wenn Anforderungen an uns gestellt werden, die wir eigentlich ablehnen möchten. Selbstverständlich ist die Hilfsbereitschaft eine Tugend. Und natürlich gehört dazu auch die Fähigkeit, die Anliegen anderer aufmerksam wahrzunehmen, in Einzelfällen auch mal zurückzustecken und zu helfen, wo es geht. Die Hilfsbereitschaft darf aber nicht zu einer Unterwürfigkeit führen, was zur Folge hat, dass mit der Frage schon gar kein Nein mehr akzeptiert wird.

Die Schwestertugend der Hilfsbereitschaft ist ein gesundes Selbstwertgefühl in Form einer angemessenen Selbstbehauptung. Wir müssen dazu fähig bleiben, in Abwägung der Bedürfnisse anderer, immer auch die eigenen Interessen zu vertreten und diese gegebenenfalls auch durchzusetzen. In glaubwürdigen Äußerungen und Reaktionen kommen beide Werte und Fähigkeiten zum Ausdruck.

Schauen wir genauer hin, ist es häufig nur die eigene Phantasie, die uns vorgaukelt, wir seien Egoisten, wenn wir Nein sagen würden.

Wer befiehlt uns schon schroff, etwas zu tun? Worauf haben wir denn zu reagieren – auf eine Frage oder auf einen Befehl? Es ist darum auch falsch, auf eine nicht genehme Bitte verstimmt oder aufgebracht zu reagieren. Beides wird der Situation nicht gerecht und offenbart eigene Schwächen.

In diesen Fällen ist es ratsam, nun auch den Wunsch der anderen Seite zu würdigen, sich selbst aber davon zu distanzieren. So wird zwar grundsätzlich Hilfsbereitschaft signalisiert, dabei die Selbstbehauptung aber nicht vernachlässigt.

Eine gute Möglichkeit bietet die INGA–Methode:

I = Interesse an der anderen Person würdigen. Beispiel: „Danke Mutter, dass du uns eingeladen hast. Ich verstehe, dass du gerade mal wieder zu Heiligabend gerne mit uns und den Enkelkindern zusammen sein würdest. Auch sie würden dich gerne sehen."

N = Nein sagen in einem neutralen Ton: „Wir haben uns aber dazu entschlossen, gerade diesen Tag im Jahr mal alleine zu feiern."

G = Gründe nennen: „Das ist auch für die Kinder zuhause eine neue Erfahrung, die wir als Familie nicht missen möchten."

A = Alternative anbieten: „Am ersten Feiertag aber könnten wir schön mit dir gemeinsam frühstücken. Darauf würden wir uns freuen. Wärst du damit einverstanden?"

Entsteht, dessen ungeachtet, zwischen Ja und Nein ein unsicheres Gefühl, ist es ratsam, nichts unter Zeitdruck zu sagen. Wenn wir im Moment etwas noch nicht entscheiden möchten, erlauben wir uns, keine vorschnelle Entscheidung zu treffen: „Nein, ich möchte das jetzt so ad hoc nicht entscheiden", „Nein, ich kann dazu jetzt noch nichts sagen." Das muss dann so deutlich gesagt werden. Bequeme Ausflüchte nähren nur endloses Unbehagen – und irgendwann sitzt man doch wieder in der Falle.

Damit es nicht soweit kommt, empfehlen sich folgende Verhaltensweisen: Zuhören und Ruhe bewahren. Unterschiedliche Interessen abwägen. Sachlich bleiben und persönliche Attacken vermeiden. Sodann die Offenlegung der eigenen Position, die auf das gewünschte Nein hin ausgerichtet ist. Standhaft bleiben.

Nun wird es kaum einem Menschen gelingen, das immer so perfekt durchziehen zu können. Mal mehr, mal weniger, kämpfen wir alle mit unterschiedlichen Schwierigkeiten und Stimmungsschwankungen. Dabei ist es wohl auch möglich, dass sich im Nachhinein plötzlich andere Argumente zeigen, die ein einmal geäußertes Nein nun in einem anderen Licht erscheinen lassen. Statt stur und steif standhaft zu bleiben, wäre jetzt vielleicht doch mehr Flexibilität gefragt.

„Pantha rhei" heißt es, alles fließt, alles kann wechseln. Alles unterliegt dem Gesetz von Brechung und Mischung. Was heute gilt, muss nicht auch morgen so gelten. Das heutige Nein, kann sich morgen, unter anderen Gegebenheiten, durchaus zu einem Ja wandeln. Das bietet die Chance, auf die Dynamiken des Lebens sinnvoll zu reagieren. Ein starres „ein für allemal", zeugt nicht automatisch von Standhaftigkeit, es kann auch zu Härte mutieren.

Menschliches Verhalten ist ohne Berücksichtigung der jeweiligen Situation nicht zu verstehen. Die ständig wechselnden Erlebnisfelder sind dynamische Prozesse, die immer wieder auch Neubewertungen notwendig machen. Wir selbst sind ja auch nicht „ein für allemal" fertig, wir selbst stehen ja auch in einem permanenten Entwicklungsprozess, wo nur wenig Endgültiges von uns in Erscheinung tritt.

Ja, sehr wohl sind Grundsätze vonnöten, die uns nicht gleich zum „Wackelpeter" werden lassen. Dennoch kann sich nach gewisser Zeit die Situation so ändern, dass ein Nein von gestern, morgen nicht mehr sinnvoll erscheint. Wer es korrigiert, ist nicht gleich ein „Umkipper". Niemand lässt sich umbiegen, der eine eigenverantwortliche Entscheidung trifft.

Zumeist aber wird wohl ein stabiles Nein den Vorrang haben, um sich dem Umbiegen zu widersetzen. Das verhindert auf Dauer negativen Stress; dieser zeigt sich, wenn Druck aufgebaut wird und Selbstzweifel auflodern. Das stärkt bereits die Position der anderen Seite. Folgt auch noch ein Abrutschen in die Hilflosigkeit, schnappt die Falle der Jasagerei zu. Dann will man nur noch seine Ruhe haben, fühlt sich unverstanden, ausgenutzt und wird trübsinnig. In der Opferrolle wird nun alles nur noch schlimmer.

Das ist keinem zu wünschen. Und doch ist das die Folge vieler unaufrichtiger *Ja's*. So sehr die Einbindung in soziale Systeme auch Sicherheit geben kann; so sehr kann eine übertriebene Anpassung auch zu bedenklichen Lebensformen führen. Dann fühlen wir uns Zwängen nach Anerkennung ausgeliefert, die uns überfordern und die eigene Persönlichkeitsentwicklung behindern. Die Folgen sind Ängste, Selbstzweifel, Süchte ...

Dann ergeht es Jasagern so, wie die Nachtigall. Sie wurde krank und sang nicht mehr. „Sie ist nicht krank", schnatterten die Spatzen, „sie ist nur zu faul zum Singen." Das kränkte die Nachtigall, und sie begann wieder zu singen. „Hatten wir nicht recht", lachten die Spatzen. Und die Nachtigall gab ihre letzten Kräfte, um weiterzusingen, dann starb sie plötzlich. Da sagten die Spatzen: „Selbst in Schuld. Warum singt sie, wenn sie krank ist."

Es muss nicht soweit kommen, doch kann es soweit kommen. Darum ist es so wichtig, tagsüber immer wieder darauf zu achten, nicht (an sich völlig unnötig) den „Abnicker" zu spielen.

Jeden Tag auch mal ein Nein, das stärkt den Rücken und schützt die Selbstachtung. Täglich sind sie zu beachten, die kleinen, aber notwendigen Abgrenzungen. Wie? Mit einem beherzten Nein auf eigentlich unwesentliche Situationen reagieren, die einem aber doch zuwider laufen. Egal, ob es sich um eine ungelegene Einladung oder um eine modische Geschmacksfrage handelt. Es muss doch nicht jeder frohlockend die Meinung der anderen Seite teilen. Man kann ja für das gegenteilige Argument Verständnis zeigen, aber ...

Das alles sind kleine, stärkende Schritte. Sie verhindern Resignation oder den großen Knall, der dann möglicherweise gar zu ungewollten Zerwürfnissen führt. Klären wir darum, was geklärt werden muss, tragen wir nichts nach und äußern uns deutlich, was uns bewegt. Dann werden wir auch ernst genommen. Wer sich klar und unverstellt „äußert", erfüllt unbewusst seinen Umkreis mit positiv geistiger Energie. So schafft sich jeder, je nach Art seiner geistigseelischen Ausstrahlung, die auf ihn einwirkende Atmosphäre selbst.

Die Fähigkeit, auch mal ein Nein auszusprechen,
ist der erste Schritt zur persönlichen Freiheit.

NICOLAS CHAMFORT (1741–1791)

Ein klares Nein zur rechten Zeit
erspart viel Ärger, Streit und Leid.

DEUTSCHES SPRICHWORT

Wäre nicht das Nein,
so wäre manches Ja ohne Kraft.

FRIEDRICH WILHELM SCHELLING (1775–1854)

Wer nicht „nein" sagen kann, sollte dringend
lernen, mit dem Kopf zu schütteln.

MARTIN KNECHT (* 1983)

Ein schroffes Nein hat einen kalten Atem.

AUGUST PAULY (1850–1914)

Unter gewissen Umständen muss man
„unter keinen Umständen" sagen.

ROBERT REINICK (1805–1852)

Wenn Lippen nicht Nein sagen können,
befrage die Augen.

HILARIUS VON POITIERS (UM 315–367)

Der unaufrichtige Jasager
verhindert jede Alternative.

GERD W. HEYSE (* 1930)

Jeden Tag auch mal ein Nein
und trennen zwischen Schein und Sein.

Jeden Tag was Gutes loben

... und innehalten, nicht gleich toben. Bitte aber keine Lobhudeleien; wird alles als „toll" und „super" gepriesen, verflacht Lob. Die Inflation von Superlativen macht die Sprache geschmacklos. Wie geschmackvoll delikate Würze wirkt dagegen ein feines Lob von etwas Gutem durch mehr Achtsamkeit. Jeden Tag etwas Gutes zu loben, wertet auch zugleich die Sprache auf. Mehr noch, es verhütet blinden Zorn oder auch nagenden Groll. Es ist wirklich so, etwas Gutes zu loben, das macht selbst gut!

Wenn wir beispielsweise einem Menschen ehrlich sagen, dass wir seine Aufrichtigkeit und Integrität schätzen, rührt das in uns selbst an diese schönen Werte, die wir dadurch umso mehr verinnerlichen. Und wer Anmut und Schönheit lobt, schärft die eigene Aufmerksamkeit für Grazie und Liebreiz. Dieses Kapitel ist denn auch gerade in der Partnerschaft nicht nur etwas für den Valentinstag ...

Was wir – nicht nur in der Partnerschaft – mehr brauchen, sind „kognitive Verstärker", die uns bewusst machen, dass bestimmte Verhaltensweisen grundsätzlich förderlich sind und nicht nur im Moment gerade hilfreich. Beachtenswerte Wiederholungen zur rechten Zeit bewirken, dass Inhalte oder Botschaften intensiver wirken, wenn sie zu einem Wesenszug geworden sind. Dann ist jemand wirklich so und nicht „weil es angebracht erscheint".

Vom Wesen her sind wir Menschen auf Schönes und Gutes hin angelegt, auf das Teilen von Freud und Leid. Geteiltes Glück ist eben doppeltes Glück und das Leid wird durch Mitleid erträglicher. Ja, wir brauchen einander. Gibt es dafür eine bessere Formel als: Mehr loben, statt toben?

Wir alle sind emotional Bedürftige, auf Herzlichkeit und seelische Ausstrahlung angewiesen. Keiner, der ohne Ermutigung, Lob, Wertschätzung, Anerkennung bis hin zu Segenswünschen, gut leben könnte. Keiner, der unter Jährzorn, Schroffheit, Zwietracht, Unbarmherzigkeit bis hin zur Gleichgültigkeit, nicht leiden würde.

Nette Aufmerksamkeiten stimulieren die Lebensgeister, Gutes wird (wieder) geweckt, dem Toben wird Einhalt geboten; stattdessen regt sich Empathie, Frohsinn und Freude. Plötzlich schauen wir zuversichtlicher in die Welt – und wie von selbst ziehen sich die Mundwinkel nach oben.

Da reicht es schon, einen Moment ganz für sich nur, eine schöne Blume zu betrachten. Dafür jetzt einfach nur offen zu sein. Keine gedanklichen Abschweifungen oder Bewertungen. Jetzt nur schauen, staunen, genießen, danken und loben. Die Blume macht sich auch keine Gedanken um ihr Blumesein, sie blüht und duftet. Mehr nicht. Das Gute ist in sich gut. Das reicht. Das braucht nicht noch Palaver. Palaver erdrosselt Lob.

So etwas macht sensibel für „das richtig Gute", was erfüllt und mit Wonne loben lässt; ja, „das tut so richtig gut". So stehen im Gottesdienst auch nicht die Bitten im Vordergrund, sondern das Gotteslob. Genau das macht den Bittenden nicht klein.

Warum gönnen wir uns nur so wenig Lob? Wir würden uns viel weniger „um die Ohren hauen". Dabei ist es so einfach: Jeden Tag was Gutes loben – und innehalten, nicht gleich toben.

Hoffentlich meldet sich nicht die gefürchtete Stimme des inneren Kritikers, die streng gemahnt: „Eigenlob stinkt." Ja, bei einem aufgeblähten Ego, getrieben von krankhafter Einbildung, da stinkt es; nicht zum Aushalten sogar, wenn andere auch noch herabgewürdigt werden. Und würde jemand mit Pathos sein Eigenlob auf dem Marktplatz verkünden, offenbarte sich dadurch nur eine narzisstische Persönlichkeitsstörung. Nein, so nicht.

Sich selbst zu loben meint kein prätentiöses Gehabe; das ist nur peinlich. Sich selbst loben zu können, das verlangt, zunächst einmal ruhig zu werden, um zu erkennen, was man bei sich selbst bejahen kann, ansonsten anerkennen, was ist – und wie es sich, mehr zum Guten hin, verwandeln könnte.

Wer bei sich selbst beginnt, wird, wie bei jedem anderen auch, nicht nur Lobenswertes finden. Da kann sogar schon einiges unter die Haut gehen. Beziehungen, Freundschaften, eine Karriere oder liebgewonnene Gewohnheiten können zu Ende gegangen sein. Aber ein Sprichwort sagt: „Wenn Gott eine Tür schließt, öffnet er eine andere." Oft wird aber, besonders in belastenden Situationen, gerade diese Tür übersehen.

Es hilft aber auch schon, erst einmal eine Nacht über die Enttäuschung hinwegzuschlafen. Das bremst ... Auch wenn hin und wieder das Toben als Motivationszündung für notwendige Veränderungen vonnöten sein mag, Wut alleine hilft nicht weiter. Emotionale Entgleisungen enden zumeist im Fiasko.

Wir sprechen nicht umsonst von „blinder Wut" oder „weitsichtiger Langmut". Langmütige haben lange Mut. Diese Hoffnung und Zuversicht auf das Gute hilft über Misserfolge und Täuschungen hinweg.

Auch wenn wir nicht immer einsehen, warum etwas so kommen musste, bleibt uns nichts anderes übrig, als uns zu fügen. Das heißt aber nicht, dass wir wie Mäuse sind, die ziellos in einem Labyrinth hin und her irren.

Um „die Kurve zu kriegen", braucht es die Würdigung dessen, was sonst noch so da ist. Dann kann Belastendes auch besser angenommen werden. Ist auch noch Lobenswertes zu entdecken, drücken sie nicht gleich mehr so schwer, die Belastungen. Versöhnlicher lässt das auf schmerzende Verluste oder Brüche im Leben schauen, um damit nun besser umgehen zu können. *Umgehen* können wir sie ja doch nicht mehr, entscheidend ist, wie wir damit *umgehen.*

Im Innehalten den Blick dankbar auf Gelungenes im Leben richten, sich freuen an Erfolge, schöne Erlebnisse und den eigenen Fähigkeiten und Stärken, das zieht die Mundwinkel wieder nach oben. Und es wirkt Wunder, zehn Eigenschaften einmal aufzuschreiben, die wir an uns loben könnten.

Nun stinkt es nicht mehr, das Eigenlob. Es besänftigt den inneren Kritiker und fördert gute Gedanken bis hin zu liebenswerten Wünschen, die wir gerne in uns hegen dürfen.

Wird uns das eigene Gute stärker bewusst, stärkt das unser Selbstbewusstsein. Ist ein gesundes Selbstbewusstsein doch alles andere als Dünkel und hochtrabende Gefallsucht. Es achtet und beachtet das Gute und sozial Förderliche. Ja, das ist lobenswert.

Es gibt dennoch immer wieder Sonderlinge, die meinen, jeden Tag etwas zu loben, das wäre „übertrieben". Einige meinen gar, dabei mache man sich nur selbst etwas vor. Auf die Frage, worauf sie sonst denn so achten, antworten nicht wenige teilnahmslos: „Na ja, was es eben so gibt."

Es zeigt, dass die eigene Aufmerksamkeit gar nicht bewusst auch auf Lobenswertes hin ausgerichtet ist. Und so lässt man sich eben von dem treiben, „was es so gibt", was halt an Tagesgeschehen, Informationen, Gespräche und Halbwahrheiten von Menschen und Medien so alles daherkommt. Das prägt die eigene Meinung, beeinflusst die subjektive soziale Deutung und zeigt sich letztlich in der Einstellung zum Leben schlechthin. Da bellt er auch schon wieder, der Hund, dem allein man nur noch vertrauen kann.

Geht es noch verschrobener?

Eine Schraube, deren Windungen schief oder schlecht gedreht sind, ist „verschroben". Sogleich stimmt es hinten und vorne nicht! Auch kommt es noch darauf an, wohin die Schraube gedreht werden soll. Ist die entsprechende „Mutter" oder „Windung" nicht adäquat, läuft's nicht mit dem Hineindrehen.

Beim Menschen richtet Lob Verschrobenheiten. Lob bezeichnet man auch wie die Schmiere am Wagen. Dann läuft's wieder rund, umso leichter geht es voran.

Selbst Menschen mit einem wenigstens hin und wieder noch sich regendem Empfinden für Lebens- und Liebenswertes, können aber mit einer phlegmatischen Einstellung bräsig und verschroben werden und in eine die Lebensgeister erstickenden Öde untergehen. Eine bezeichnende Geste dafür ist das Abwinken. Nichts ist mehr gut. Selbst der Hund bellt!

Schuld sind immer die anderen. Man gefällt sich in der Opferrolle. Loben? „Geh mir doch weg." Da ist von guter Laune nichts zu spüren, von guten Worten nichts zu hören. Wie auch, wenn Knurrhähne ihn nicht wahrhaben wollen, den entscheidenden Satz: „Nichts ändert sich, außer ich ändere mich!" Lieber heißt es: „Ach, läuft doch." Und kommt etwas dazwischen, „dann knallt es".

Soll das etwa ein zuträgliches Klima für ein schönes Zusammenleben sein? Wo bleiben da Frische, Freude, Lob und Glück? Nein. Im Gegenteil. Läuft es nicht so wie erwartet, „dann knallt es". Und keiner kommt auf die Idee, die frei gesetzte Energie dafür zu nutzen, etwas zum Guten hin zu verändern. Nein, dann knallt es, weil längst positive Puffer und ermutigende Kraftreserven fehlen. Es ist „zum Davonlaufen".

Ganz anders, wenn ab heute einfach die Blickrichtung mit 7 Up justiert würde. Nein, nicht mit der prickelnden Zitronenbrause. Noch einfacher: Zu jeder Kritik sieben Gründe finden, die auch noch lobenswert sein könnten. Schon bald würden wir erkennen: Die Bedeutung, die eine Wahrnehmung hat, geben wir ihr selbst.

Lob zieht Gutes an. In den Augen der Guten ist auch die Welt gut. Das ist nur möglich, wenn wir absichtslos loben und nicht je nach Befindlichkeit und Stimmungslage. Kritik? Also gleich 7 Up's hinterher. So achten wir auch besser auf uns selbst. Der Blick geht über den eigenen Tellerrand hinaus.

Auf seiner Wanderung durch die weite Welt kam das kleine Lob zu einem Kind: „Ich fände es schön, wenn du mich brauchen könntest!" Da meinte der Junge aufgebracht: „Pah, loben! Was denn? Etwa die Schulaufgaben, die ich jetzt machen muss? Dass mein Fahrrad einen Platten hat? Oder meine Schwester zickt? Nein, alles ist eher zum Ärgern!" Und so schlich das kleine Lob traurig davon.

Will denn niemand mehr loben?

Und das kleine Lob wandte sich an eine alte Frau. „Wen soll ich denn loben?" sagte sie griesgrämig. „Nicht mal mehr meine Kinder kümmern sich um mich. Und der Arzt? Soll ich den etwa loben, der nur mein Geld will?" „Vielleicht könntest du ein kleines bisschen Gott loben und danken", sagte das kleine Lob vorsichtig. „Ach du liebe Zeit", rief die alte Frau, „bitte nicht jetzt auch noch sentimental werden. Und überhaupt, ist etwa heute Sonntag?"

Und so wanderte das kleine Lob weiter. Es klagte: „Alle fragen nur: Warum? Was bringt das? Die anderen wollen ja nur was von mir. Ich habe es so schwer! Dabei gehöre ich doch zum Größten im Leben überhaupt: Leben, lieben und loben – nur ein Buchstabe ist jeweils anders! Wenn das Leben lebenswert ist, dann ist es auch liebenswert und dann ist es auch lobenswert. Und soll dann nicht auch der gelobt werden, der das Leben geschenkt hat?"

Und das kleine Lob kam zu dem Schluss: Wer sich Zeit nimmt, Atem zu holen, wer wieder richtig sehen lernt, wer die richtigen Maßstäbe setzt, der kann danken und loben, so oft er möchte – jeden Tag findet sich genug davon!

Lob ist rund, Tadel ist eckig.

WALTRAUD PUZICHA (1925–2013)

Du bist gar nicht so gut, wie ich dachte,
du bist viel besser!

FRED AMMON (* 1930)

Wer über die Dummheit der anderen lacht,
bringt sich um die eigene Chance.

HENRY FORD (1863–1947)

Nur eigene Kraft
weiß fremde Kraft zu würdigen.

JULIUS WALDEMAR GROSSE (1828–1902)

Solange man bewundern und lieben kann,
lebt man auch gern.

PAU CASALS (1876–1973)

Fehlt dem Lob die Liebe,
ist's nur Schmeichelei.
So hat auch Lob ohne Maß keine Ehre.

KARL SIMROCK (1802–1876)

Glück macht Mut.

JOHANN WOLFGANG VON GOETHE (1749–1832)

Unüberlegt tadeln, das ist leicht,
deshalb mäkeln auch viele so herum.
Nett loben aber, das ist gar nicht so einfach,
deshalb hört man auch so wenig davon.

ANSELM FEUERBACH (1829–1880)

Jeden Tag was Gutes loben –
und innehalten, nicht gleich toben

Jeden Tag von Herzen lachen

... und gerne Lustiges mal machen. Es fällt auf, dass es unter beschränkt denkenden Menschen wenig zu lachen gibt.

Grob denkende Großtuer, die nur an die eigene Überlegenheit glauben, begründen ihre Meinung gerne mit der Legende, ihre Themen und Thesen dürfe man ja, oh wie schlimm!, schon gar nicht mehr öffentlich sagen; umso mehr fühlten sie sich berufen, endlich einmal deutlich zu werden! So stilisiert man sich von vorn herein als gesellschaftliches Opfer. Und wehe, wer das durchschaut und sich mit umfassend feineren Argumenten dagegen positioniert. Dann wird Schlimmes gerne sogleich völlig unangemessen „verschrecklicht".

Man muss wirklich nicht bösartig sein, um bei den verbissenen Zähnen, die sich dann zeigen, in Wallung zu geraten. Denn in ihrem Schwarz-Weiß-Denken schlagen sich Populisten ständig mit Feindbildern herum, die ihren einfachen Lösungen misstrauen. Da sie, verbittert vom „Ernst des Lebens", ingrimmig denken, sind freundliches Entgegenkommen und Liebreiz Fremdworte für sie. Sie gefallen sich lieber mit schroffen Zurechtweisungen und martialischem Gehabe. So spalten sie und säen, intrigierend und polternd, Zank und Streit.

Auf sich selbst bezogene Regenten wittern überall Konkurrenten und Gegner. Deshalb blicken sie auch meist so finster. Man schaue sich nur Politiker dieses Stils an, wie verschroben sie auftreten, hölzern, abweisend und meist bellend; keine verbindende Gestik, kein Lob, kein nettes Lächeln – wie auch, mit einem Kopf voller Angriffsdenken.

Ihre Sympathisanten und Mitläufer liefen auch am liebsten mit dem Messer zwischen den Zähnen. Alle diese humorlosen Aufschneider dulden keinen Widerspruch. Dafür gibt es ruck, zuck einen ihrer Lieblingssätze: „Ist doch wahr". Und wehe, wenn nicht. Da gibt es aber nichts zu lachen! Statt dessen folgt eine populistische Dröhnung der anderen, nur um sich selbst wieder mit Pathos ins rechte Licht zu stellen.

Ganz anders der „gewitzte" Pfiffikus voller „Esprit", der mit Vergnügen unterhaltsam ist und gerne fröhlich lacht. Er ist gegen solche verschrobenen Querulanten ein Geschenk des Himmels, eine Wohltat! Das ist nicht verwunderlich, denn Witz, Wissen und Weisheit entstammen derselben Wortwurzel.

Alle drei Eigenschaften verleihen die Fähigkeit, Zusammenhänge zu erkennen und Gegensätze zu durchschauen, was die Konsensfähigkeit fördert und zu einem entspannte(re)n Umgang miteinander befähigt.

Menschen „mit Witz und Verstand" lachen gern; sie nehmen sich ernst, aber nicht wichtig. Sie lachen auch gern über sich selbst.

Goethe schrieb um 1800 vor einer schweren Entscheidung einem Freund, er müsse erst seinen Witz befragen. Alles andere wäre wahrscheinlich „witzlos". Kein Wunder dass er ein andermal schrieb: „Ich liebe mir den heitern Mann am meisten unter meinen Gästen. Wer sich nicht selbst zum besten haben kann, der ist gewiss auch nicht vom Besten."

Gewitzte Menschen wissen, dass Lachen befreit. Umso mehr sollten wir den humorlosen Raunzern um uns nicht nur misstrauen, sondern ihnen einfach öfter ein freundliches Gesicht mit einem herzlichen Lachen zeigen. Immer wieder. Und in der Welt sähe es anders aus.

Nicht alles gleich so schwer zu nehmen, das ist nicht planbar. Wie Goethe schon richtig erkannte, müssen wir dabei „weg vom Kopf", raus aus dem Korsett fixierter Regeln. Weil Lachen sich in befreiender Herzenergie zeigt, überwindet es auch starre Verhaltensmuster.

Lustigsein gelingt nur in Selbstvergessenheit. Entsprechend gelingt eine herzerfrischende Situationskomik umso besser, je mehr Zuwendung dem jetzigen Moment geschenkt wird. Erst wenn Herz und Seele ganz in der gegenwärtigen Konstellation aufgehen, gelingen erquickende Situationskomiken. Ist dem nicht so, hört beim Lachen oft der Spaß auf. Ein absichtliches Lachen entspringt nicht einem sonnigen Gemüt.

Weil wir uns alle zu sehr „in der Gewalt haben", lachen wir auch so wenig ...

Lachen und Lustigsein entzieht sich dem Zugriff bewertender Logik und Analyse. „Gelehrter Witz ist selten nütz", heißt es. Dem folgt meist nur ein künstliches Lachen.

Richtiges Lustigsein gelingt nur absichtslos in origineller Vergnügtheit. Erst dann ist es auch möglich, dass unsere wachen Sinne sich ausleben und aus der *jetzt* gegebenen Situation leichthin etwas Heiteres zaubern. Diese Klasse komödiantischer Kapriolen ist nicht planbar. Da das Leichtnehmen nicht mit Leichtsinn verwechselt wird, entsteht auch kein Klamauk. Dafür wird dem polarisierenden Denken, hoppla, ein Bein gestellt – und allzu Ernstes offenbart sich plötzlich, ganz menschlich, als genialer Ausrutscher. Kreuzehrlich kann sich jeder selbst in dem possenhaften Gag erkennen – und lacht umso befreiter. Das zaubert eine gelöste Atmosphäre.

So etwas im oft tristen Alltag zu erkennen, bedarf einer besonderen Aufmerksamkeit. Wer jeden Tag von Herzen lachen und auch selbst gerne Lustiges machen möchte, darf nicht spitzfindig herumlugen und zum Lachen in den Keller gehen.

Lachen öffnet. Beim schönen Lachen menschelt es. Es rührt daher, dass niemand Angst haben muss, dass einer etwas quernimmt. Eigentlich liegt in dieser *gelösten* Stimmung die *Erlösung* aus den starren Alltagsmustern. Es zeigt, dass heitere, lustige Menschen mit dem Über-Ich (kontrolliert durch soziale Normen adäquate Denk- und Verhaltensmuster nach dem Soll-Prinzip) einen spielerischen Umgang pflegen. Darum leben sie locker(er) im Gleichklang mit sich selbst. Aufgrund dieses stabilen Selbstwertgefühls haben sie es nicht nötig, demonstrativ die Schwächen anderer bloßzulegen, nur um bissige Lacher für sich zu erheischen.

Ein Lachen über andere ist wie Schulden machen, es tut nicht gut. Seelische Gesundheit zeigt sich am deutlichsten durch die Art und Weise des Lachens, befreit, gelöst. Ja, wer näher hinschaut sieht, dass sich die Grundstimmung des Menschen in seinem Lachen zeigt. Darum tut auch ein aufgesetztes Lachen nicht gut; es tut so wenig gut, wie vorgetäuschte Anteilnahme, die ja auch niemals mit einem herzlichen Beileid gleichgesetzt werden könnte.

Wie befreit und gelöst Lachen sein kann, das zeigt sich bei Kindern. Wenn man ein Kinderlachen hört, werden die eigenen Lasten plötzlich leicht. Welch ein Geschenk wäre allein das schon. Doch während Kinder bis zu vierhundert Mal täglich lachen (Kichern mit eingerechnet), lachen Erwachsene maximal täglich nur noch fünfzehnmal. Offenbar haben „große Menschen" wenig zu lachen.

Vor lauter Perfektion geht die Leichtigkeit des Seins verloren. Unser Denken ist zu sehr problemorientiert mit der Folge von Überspanntheit, Versagungsangst, Burnout bis hin zu despressiven Verstimmungen. Wie gut täte da doch: Jeden Tag von Herzen lachen – und gerne Lustiges mal machen.

Friedrich Nietzsche (1844–1900) schrieb: „Seit es Menschen gibt, hat sich der Mensch zu wenig gefreut. Ich glaube, darin liegt ein Großteil unserer Erbsünde. Lernten wir, besser uns zu freuen und mehr zu lachen, so verlernten wir am besten, Schlimmes zu denken und anderen weh zu tun."

Wenn es heißt, der Teufel habe Angst vor lachenden Menschen, könnten wir manche Dämonen und Chimären besser auslachen, als sie durch trügerische Gedanken ernst zu nehmen. Wer lacht, der zeigt, dass er über den Dingen steht und sich ihnen nicht einfach ausliefert. So ein Lachen stärkt; denn Charakter, Schicksal und Gesundheit werden von der Art und Weise geprägt, wie wir das Leben sehen und uns geistig mit dem auseinandersetzen, was auf uns einwirkt.

Welche Bedeutung das Lachen hat, zeigt allein die Tatsache, dass Lachen eine Besonderheit des Menschen als geistbegabtes Wesen ist. So schön das Lachen auch ist, es fällt uns nicht in den Schoß.

Wir selbst schaffen mit unseren geistigen Bewertungen und Bewusstseinsinhalten die Bedingungen, um lachen zu können oder nicht. Ob wir sie pflegen oder vernachlässigen, liegt allein an uns. Auch hier gilt: Übung macht den Meister.

Eine positive Achtsamkeit ist gefragt. Nicht wie *Hans-Guck-in-die-Luft* herumschlendern, sondern bewusster hinschauen und sich an Ulkigem erfreuen. Man muss ja nicht immer nur die Schreckensmeldungen lesen. Es gibt auch noch viel Lustiges, was das Herz erfreuen könnte. Das tut gut und ist gesund.

Lachen regt den Kreislauf an, wirkt über das Zwerchfell wie eine innere Massage. Lachen stärkt die Abwehrkräfte und hält durch mehr Sauerstoffzufuhr das Gehirn fit. Lachen stabilisiert das Immunsystem. Lachen belebt den ganzen Organismus. Lustigsein befreit von Hirngespinsten.

Menschen, die gerne lachen, haben weniger ungesunde Gewohnheiten als Nörgler oder Empörer, sie haben bessere Blutwerte als Miesepeter. Lachen fördert Heilungsprozesse jeder Art. Wie schön, dass es Klinik-Clowns gibt!

Beim Lachen sind über achtzig Muskeln aktiv. Und als Extrazugabe schüttet der Körper noch das Glückshormon Endorphin aus. Eine Minute herzliches Lachen tut dem Körper ebenso gut wie zwanzig Minuten Entspannung. Somit ist Lachen die beste Art der Entspannung. Solange wir aber zu sehr angespannt sind und nicht zulassen, vieles auch von der heiteren Seite zu sehen, solange werden wir uns von dieser angenehmen Art der Entspannung auch nicht beschenken lassen können. Kreativität ist gefragt, dann zeigt sich uns auch Erheiterndes.

Wir müssen uns nicht unterhalten lassen, um lachen zu können, ein gelöster Blick in die richtige Blickrichtung reicht schon. Der Salesianer Don Bosco (1815–1888) hat dafür einen guten Tipp: „Gutes tun, fröhlich sein und die Spatzen pfeifen lassen."

Wäre doch gelacht, wenn das nicht möglich sein könnte ...

Jeder Tag, an dem du nicht gelacht hast,
ist ein verlorener Tag.

CHARLIE CHAPLIN (1889–1977)

Wer Tränen lacht, braucht sie nicht weinen.

ERHARD BLANCK (* 1942)

Wir werden nie wissen, wie viel Gutes
ein einfaches, liebes Lächeln vollbringen kann.

MUTTER THERESA (1910–1997)

Nichts auf der Welt ist so ansteckend
wie Lachen und gute Laune.

CHRALES DICKENS (1812–1870)

Humor ist der Knopf, der verhindert,
dass uns der Kragen platzt.

JOACHIM RINGELNATZ (1883–1934)

Jedes Lachen vermehrt das Glück.

JONATHAN SWIFT (1667–1745)

Wer meint, er hätte nichts zu lachen,
ist oft zu störrisch geworden, danach zu suchen.

FRED AMMON (* 1930)

Lächle täglich wenigstens fünfmal am Tag
einem Menschen zu,
dem du gar nicht zulächeln willst.
Und dann staune, was geschieht.

MUTTER THERESA (1910–1997)

Jeden Tag von Herzen lachen –
und gerne Lustiges mal machen.

Jeden Tag etwas genießen

... und mit Wonne Blumen gießen. Es geht hier weder um Champagner und Kaviar, noch um außergewöhnliche Orchideen. Und doch ist eine köstliche Speise zu besonderen Anlässen immer wieder ein Hochgenuss. Köstliches aber jeden Tag? Da würde sich spätestens nach einer Woche wieder der Wunsch nach normaler, gut bürgerlicher Kost regen. Und auch die Blumen brauchen unterschiedliche Gießzeiten.

Dennoch wird empfohlen, jeden Tag *etwas* zu genießen – und mit Wonne auch Blumen zu gießen. Nicht mal eben so zwischendurch, nein, mit Wonne. Fühlen, wie es der Blume gut tut, wie auch sie es sicher genießt, wenn man sich ihr mit frischem Wasser zuwendet.

Genuss ist der Ausdruck eines Lebensstils, der das Besondere zu schätzen weiß. Bohème muss es dabei nicht zugehen, dekadent schon gar nicht. Jeden Tag Delikatessen, wo bliebe da die Wertschätzung? Und unmäßiges Schmausen macht krank. Wonnen ohne Ende enden im Exzess und aus Wohltaten in Fülle wuchert die Unersättlichkeit. Die Gier flammt auf. Mit der Übersättigung nistet sich die Gleichgültigkeit ein. Ausschlaggebend ist das Wörtchen *etwas.* Dann führt uns das Wortspiel auf die richtige Spur: Wer nicht mehr genießen kann, wird ungenießbar.

Im Genuss steckt Lebenskunst. Gibt es etwa nicht jeden Tag reichlich zu genießen, ohne übersättigt zu werden? Hier ein Hauch von Blumenduft, dort eine frische Brise oder endlich wieder das erste Eis ...

Selbstverständlich verdienen sprießende Rosen mit Titeln und Aurikeln, diese Primeln mit Persönlichkeit, besondere Aufmerksamkeit; nicht weniger aber auch, „einfach so", die vielen wunderschön blühenden Wild- und Heilkräuter am Wegesrand. Und einen dürstenden Straßenbaum im trockenen Sommer zu gießen, ist Labsal und Wohltat zugleich.

Es ist paradox: Je mehr wir verlernt haben, kleine Gaben zu genießen, umso unzufriedener und oberflächlicher leben wir, umso mehr brauchen wir und verbrauchen dabei Unmengen an überflüssigem Zeug.

Es gilt ja schon fast als tumb, einfach nur frisch aufgebrühten Filterkaffee zu trinken. Und so wird nun schon allein beim Kaffeegenuss ein Aufwand getrieben, als wären unsere Geschmacksrezeptoren therapiebedürftig. Aus Edelbohnen wird in sündhaft teueren Kaffeeautomaten, die wie Dampfloks zischen und fauchen, *Mocca macchiato*. Dieser aber tröpfelt dann kläglich nur noch als *Coffee to go* in einen billigen Pappbecher. Wie mit einer Monstranz in der Hand geht es damit auf die Schnelle, schlürfend, über die Straße. Genuss?

Richtig genießen möchte man zuhause (auch) nun mit einer günstigeren Variante, mit einer Kaffeekrönung, die sich als Substrat in einer Alukapsel versteckt. So Kaffeekapseln fehlten vor Jahren keinem Kaffeegenießer. Heute sind sie schon fast „ein Muss". Dafür kostet das Aromatässchen auch das Sechsfache einer normalen Tasse Filterkaffe, von der verheerenden Ökobilanz dieser Kapseln ganz zu schweigen.

Was zeigt das Beispiel? Es muss kein Riesenaufwand getrieben werden, um vernachlässigten Genussfreuden den besonderen Kick zu verleihen.

Wie viel anders könnte es sein, den Tag in Ruhe „einfach" mit einer frisch gekochten Tasse Kaffee zu beginnen, den Kaffeeduft zu genießen, zu frühstücken, die Zeitung zu lesen und dann, je nach Stimmungslage, auch noch eine Kerze anzuzünden, um sich nun bei einer Extratasse Mokka ein paar Zeilen aus einem guten Buch zu gönnen. Keine Zeit? Dann eben *Coffee to go*. Wer sich für Genuss keine Zeit nimmt, der eile ...

Geist und Seele möchten ja auch ein wenig verwöhnt werden, nicht nur der Körper. Duftender Kaffee zum Frühstück und eine gute Weile morgendlicher Ruhe, nur für sich, was wäre das für ein Genuss! Die guten Worte begleiteten uns durch den Tag und richteten uns, wie kleine stärkende Genüsse zwischendurch, immer mal wieder auf.

Paul Roth sagt es so: „Einmal am Tag, da solltest du ein Wort in deine Hände nehmen, vielleicht ein Wort der Schrift." Um es zu genießen, damit es sich innerlich entfalten kann, rät er: „Sei aber vorsichtig, es ist so schnell erdrückt und umgeformt ...

Betaste das Wort von allen Seiten, dann halte es in die Sonne und leg es an dein Ohr wie eine Muschel. Steck es für einen Tag wie einen Schlüssel in die Tasche, wie einen Schlüssel zu dir selbst."

Soll Genuss nachhaltig wirken, braucht es „Zeit zum Genießen". Wäre mir so ein wonnevoller Morgengenuss etwas wert, wäre ich auch bereit, dafür eine halbe Stunde eher aufzustehen. Genuss ist Aufwertung. Dann wirkt er auch nachhaltig.

So können auch gute Worte zu einem nachhaltigen Genuss werden. Gute Worte sind ja keine Grimassen der Sprache, keine Tricks von gewieften Verhandlungsstrategen, nein, gute Worte werten auf, weil sie einem guten

Geist entstammen, weil sie umseelt sind von einer guten Gesinnung. So sind gute Worte Genüsse für Herz und Seele. Werden ihnen aber keine Chancen zur Entfaltung gegeben, können sie auch keine Wirkung zeigen.

Gerade heute, wo ununterbrochen wahllose Eindrük-ke auf uns wirken, fehlen uns mehr denn je gute *geistige* Genüsse.

Ja, das rührt auch an Glaube und Spiritualität. Ein bejahender, stärkender Glaube ist zugleich immer auch ein Genuss für Herz und Seele. Das sollte er wenigstens sein.

Ein Glaube, der nicht gut tut und der sich nicht wohltuend in uns entfaltet, verdunkelt nur die Seele; er macht kleinmütig, eigensinnig und aufmüpfig. Welch ein Genuss aber, sich sammeln zu können in dem Bewusstsein, „im Großen und Ganzen" wertvoll zu sein, Anteil zu haben an mehr, als nur an das, was da auf die Schnelle so vorbeirauscht. Das macht das Leben lebenswert, findig zu werden auch für „versteckte Genüsse".

Weniger eilen, mehr verweilen.

Je gehetzter und unbeherrschter wir durchs Leben eilen, umso mehr hätte der Genuss guter Worte heilende Wirkung, ein Genuss, nicht minder wie der Anblick malerischer Blumen. Wir brauchen jeden Tag diese Genüsse, um, wie die Blumen, nicht zu verdursten. Denn nur so kann auch in uns das keimen und sprießen, was blühen möchte.

Gott sei Dank sprießen nicht nur im Sommer draußen die Blumen, Zimmerpflanzen verdienen nicht weniger Beachtung. Zu ihnen hin die Antennen unserer Seele auszurichten, macht empfänglich für spirituelle Genüsse.

Ein besonderer Kunstgenuss ist auch immer mal wieder so etwas wie „seelische Antennenpflege". Nicht vor dem Bildschirm. Da könnte noch so viel an gehobener Fernsehunterhaltung geboten werden, in Pulli und Puschen aber würde kaum der entscheidende Funke überspringen. Und doch kann auch ein gemütlicher Couchabend ein Genuss sein. Mit dem Besuch einer Philharmonie wäre er aber nicht zu vergleichen. Das mag aufwändiger und auch nicht billig sein, dafür geht man aber auch gepflegt aus, rundum gepflegt, in besonderer Abendgarderobe, um eine besondere Atmosphäre einzufangen. Wunderbar! Einmalig, so ein Kunstgenuss.

Einmalige Genüsse fangen die Zeit ein. Ist das auch nicht immer möglich, so ist es dennoch möglich, sich nicht immer durch überstrapazierte Zeitzwänge die vielen kleinen Genüsse „im Laufe der Zeit" zu versagen.

Das gelingt nur, wenn wir zwischen messbarer und erlebter Zeit zu unterschieden lernen.

Chronos, das ist die Uhr, die messende Zeit. Sie ist der Widersacher des Genusses, mit so kurzatmigen Aussagen wie: „Jetzt nicht, keine Zeit."

Kairos, das ist die erlebte Zeit, das Gegenteil vom Chronos. Sie ist genussfördernd, weil im erlebten Genuss die Uhr überflüssig wird. Da heißt es dann im Schwelgen wohliger Genussfreuden: „Wo ist nur die Zeit geblieben?" Egal. Es war wunderschön!

Wer sich für Außergewöhnliches keine Zeit nimmt, um etwas großartig zu genießen, rutscht ohne Highlight durch den Tag. Und das Tag für Tag, wenn da nicht der Vorsatz wäre:

Jeden Tag etwas genießen – und mit Wonne Blumen gießen. Wer sich daran hält, wird findig werden für Genüsse *en gros*.

Statt dessen fühlen sich nicht wenige schon bei Wartezeiten einem nervigen, langweiligen, ja, lästigen Gegenüber ausgeliefert. Dabei wird so viel Zeit vertrödelt und vertrieben, dass auch das schon wieder den *Chronos* reizt. Alles Folgen einer Reizüberflutung, die für den *Kairos* mit seinen Alltagsgenüssen keine Zeit mehr lässt.

Und am Ende heißt es resigniert: „Was? Das soll es nun gewesen sein?" Wir wüssten es, hätten wir nur mehr erfüllte Zeiträume genussvoll durchlebt.

Wer erinnert sich nicht an den ersten Kuss oder an besondere kulinarische Genüsse oder welche genussvollen Momente auch immer, immer waren solche Genüsse mit außergewöhnlichen Empfindungen verbunden, wo hingegen alles andere verblasste. Das zeigt:

Genuss überwindet Zeitfallen und konserviert das Schöne und Gute in besonderen *Zeiträumen*.

Gönnen wir uns davon doch jeden Tag etwas, aber keinen Tag nichts. Genießen wir doch einfach (mehr) das Leben! Bitte nicht vergessen:

Kairos bringt Rosen,
Chronos, Neurosen.

Es braucht zu allem ein Entschließen,
selbst zum Genießen.

EDUARD VON BAUERNFELD (1802–1890)

Wenn uns etwas fehlt, sollte es uns nicht davon abhalten,
etwas anderes zu genießen.

JANE AUSTEN (1775 . 1817)

Wer niemals hat Genuss,
hat umso mehr Verdruss.

SPRUCH AUS DEM RHEINLAND

Genuss ist wie eine schöne Musik,
bei der ja auch die Pausen so wichtig sind.

CARL LUDWIG SCHLEICH (1859–1922)

Lust macht gierig, Genuss macht frei.

BURKHARD TREUDE (* 1946)

Wer nicht liebt Wein, Weib und Gesang,
der bleibt ein Narr sein Leben lang.

MARTIN LUTHER (1483–1546)

Ergibt es sich, dann froh genießen –
und ja nicht murr'n, wenn Freuden sprießen.

JOHANN HEINRICH VOSS (1751–1826)

Wer Genüsse bereut,
sollte wenigstens die Reue genießen.

GREGOR BRAND (* 1957)

Jeden Tag etwas genießen –
und sich freun, wenn Blumen sprießen.

Jeden Tag einfach mal staunen

... und überwinden schlechte Launen. Staunen geht
auf die idg. Wortwurzel *st(h)au* zurück, was soviel wie
stehen(d) machen bedeutet. Man sieht, staunt und steht
wie angewurzelt. Es ließe sich auch sagen: Man möchte,
dass es so bleibt. Dem Staunenswerten gegenüber gibt es
kein Entrinnen.

Mit zum Staunenswertesten in der Bibel gehört wohl
die Verklärung Jesu, wo Petrus so ergriffen war, dass er
Jesus vorschlug: „So lasst uns doch drei Hütten bauen ...“
(Lk 9,33). Auch hier wird „das Festhaltenwollen“ eines
außergewöhnlichen Erlebnisses deutlich.

Das Staunen lässt die Wirklichkeit in einem anderen
Licht erscheinen. Im Alltag kann Belangloses durch Staunen zu etwas Besonderem werden. Als Zugabe vertreibt
das Staunen schlechte Launen. Kritisieren, das geht beim
Staunen gar nicht.

Es müssen keine Sensationen sein, um staunen zu
können. Event-Agenturen sind entbehrlich. Wer nur für
„Interessantes“ Augen hat, schaut oft am Staunenswerten vorbei. Das Staunenswerte drängt sich nicht auf. „Mit
anderen Augen“ gesehen aber enthüllt sich Wesentliches,
oft auch Geheimnisvolles.

Dieses erhebende Gefühl, etwas zu sehen und gleichzeitig eine Ursache zu ahnen, die mehr ist als das, was
ist, das macht das Staunen wohl so phantastisch. Das ist
„spannend“, weil das Staunen die Sehne im Bogen der
Erkenntnis spannt und der Pfeil auf „höhere Wahrnehmungen“ zielt. Ob er sie trifft, bleibt spannend, da das
Staunen an sich ja nichts Fertiges ist. Gerade die Vermutung aber, dass das Staunen einen Grund hat, wirkt prik-

kelnd anregend. Staunen lässt weiter denken. Im Staunen steckt Dynamik, was kleinkariertes Musterdenken überwindet.

Wer nur das tut, was sanktioniert ist, steht sich irgendwann selbst im Weg. Wie sollte er sich noch freuen? Mit Scheuklappen sieht man nur das, was gesehen werden soll. Alles andere verunsichert. Das Denken findet aus dem Kreisel des Gewohnten nicht hinaus.

Erich Kästner (1899–1974) sagte es einmal so: „Ohne Hoffnung, ohne Trauer hält er seinen Kopf gesenkt. Matt lehnt er sich an die Mauer; müde steht er da – und denkt." Wahrscheinlich denkend: „Ob das alles wohl so richtig ist?" Dem Staunenden stellt sich diese Frage nicht, er bewundert Unerklärliches.

Wäre Mona Lisa etwa weniger staunenswert, nur weil Frau X oder Herr Y meint, das Bild sei nun mal zu klein geraten und könnte in einem größeren Format viel mehr Wirkung zeigen? Was Frau X oder Herr Y auch immer denken und meinen, sie denken mit ihrer Meinung an Mona Lisas Faszination vorbei.

Staunen bringt uns weiter. Wer aber das Staunen durch krittelndes Denken blockiert, steht, wie Kästner es beschreibt, zuletzt müde an der Mauer und kommt nicht weiter. Es rumort im Kopf, und schlecht gelaunt klingt durch: „Macht doch alles keinen Spaß mehr."

Köche, die gerne kochen, kennen zwar die Rezepte, aber sie brauchen sie nicht mehr, um erstaunliche Köstlichkeiten auf völlig andere Art und Weise zu kreieren. Das macht Lust und Laune. Indem sie sich immer wieder auf Erstaunliches einlassen, wird das Kochen zum Erlebnis. Und wir? Staunen wir doch einfach, dass es wunderbar schmeckt, statt Gedanken daran zu verschwenden, ob es nicht zu teuer oder vielleicht ungesund sein könnte. Was soll das? Vertrauten wir mehr unseren Instinkten, eröffnete sich uns mehr Staunenswertes und wir könnten sagen: „Einfach toll!"

Staunen lässt sich lernen, indem den Sinnen mehr Aufmerksamkeit geschenkt wird als den Möglichkeiten kritischer Bewertungen. Wer staunt, denkt nicht.

Im Staunen ist die ganze Aufmerksamkeit auf das gerichtet, was *jetzt* ist. Das genügt. Also: „Ein tolles Geschmackserlebnis!" Da gehen einem vor Staunen die Augen über. Einmalig!

Wie ermüdend-schlapp dagegen so eine Bemerkung, man wüsste ja wohl, dass dies oder jenes „nun mal lecker ist" (oder „ganz schön"), aber ...

Aber die Mundwinkel hängen schon wieder unten. Anderes muss ja auch erledigt sein ...

Anderes ist erst mal wichtiger, dann kann man sich ja immer noch freuen ...

Tolstois Bauer Pachom dachte auch so:

Pachom wollte immer mehr Land. Nun bot sich ihm bei den Baschkiren die verlockende Möglichkeit, soviel Land sein Eigen zu nennen, was er in einem Tag umrunden könne. Pachom stürmte zu Sonnenaufgang auch gleich los. Und er rannte und rannte. Immer größer erschien ihm sein Besitz. Schließlich musste er sich beeilen, um vor Sonnenuntergang am Ziel zu sein. So rannte er noch schneller und kam auch siegestaumelnd an – doch dann fiel er tot um. Da holte sein Knecht eine Schaufel und grub Pachom ein Grab. Tolstoi (1828–1910) nennt seine Geschichte: „Soviel Erde braucht der Mensch."

Gier und Grollen, Müssen und Sollen, ersticken durch schlechte Launen das Staunen. Pachom rannte, bis er umfiel. Ist die Welt nicht immer noch voll von Pachoms? Blind vor Begehrlichkeit und paralysiert vom Müssen und Sollen rennen die Pachoms nur so an den Wundern des Lebens vorbei.

Eingeengte Blicke führen zu Polarisierungen. Das macht blind für Erstaunliches und behindert eine gesunde *Bescheidenheit,* die zwischen Wichtigem von Unwichtigem zu unterscheiden weiß.

Die Fiktion auf das Eine verhindert die Magie des Staunens. Wir sehen nicht mehr richtig. Wir sehen nur noch das, was wir sehen wollen. Weil anderes wichtiger ist, berührt uns Wesentliches auch nicht (mehr). Und so lehnen die erschöpften Pachoms entkräftet und ausgebrannt an der Mauer und beklagen die Mühsal des Lebens.

Aufrichten könnten sie ihre Sinne; durch sie kämen sie mit mehr noch in Kontakt. Undenkbar wären ja auch Kontakte ohne sehen, hören, riechen, anfassen oder schmecken. All das macht etwas mit uns, ohne dass es unserer Meinung bedarf. Wichtig ist nur:

Was empfinde ich jetzt? Erst dann ließe sich darüber nachdenken, was es mit mir macht.

Wir können uns nur gut weiterentwickeln, wenn wir mit dem, was uns umgibt und auf uns einwirkt, in gutem Kontakt bleiben. Das schließt auch mit ein, die inneren Regungen und intuitiven Ahnungen des Geheimnisvollen nicht sogleich „kaputtzudenken", sondern auch mit ihnen in gutem Kontakt zu bleiben, um die essenziellen Kräfte zu pflegen, die seelischen Ursprungs sind. Ja, wir würden staunen, würden wir nur den seligen Bedürfnissen unserer Seele mehr Beachtung schenken.

Pflegen wir doch einfach öfter diese inneren Dialoge, bei denen niemand Zeuge ist, außer wir selbst; beziehen wir sie doch öfter in unser Denken und Handeln mit ein, und wir werden wir staunen, wie gut uns das tut.

Ja, Staunen ist Seelennahrung. „Glauben" ist denn auch eng mit dem Staunen verbunden, denn wer glaubt, dass das Staunen einen Grund hat, hält wohl auch höhere Wahrnehmungen für möglich. Es ist so, als würde das Auge etwas sehen, doch im Moment des Staunens, würde es uns „in einem anderen Licht" erscheinen, irgendwie „verklärt" ...

Der Physiker und Philosoph Carl Friedrich von Weizsäcker (1912–2007) hält denn auch das Glaubenkönnen für eine erstaunliche Widerstandskraft gegen weltliche Gleichgültigkeit und Willkür. Wirkt das nicht wie Medizin gegen schlechte Launen?

Von Kindern lässt sich viel lernen. Sie vertrauen zunächst einmal sinnenfroh ihren Eindrücken und Empfindungen und das ganz unverstellt. Wohl deshalb auch regte Jesus an, sich an Kinder zu orientieren: „Wenn ihr nicht werdet wie die Kinder" (Mt 18,1–3 und Mk 10,13–16).

Kinder haben gegenüber Erwachsenen ein bedingungsloses Vertrauen, auch Urvertrauen genannt. Weil ein Kind aus sich heraus nicht schlecht denken und also auch keine Hintergedanken hegen kann, empfindet es alle guten Gaben als staunenswerte Geschenke. Daraus resultiert eine selige Sorglosigkeit und dankbare Freude am Leben.

„Größer" werdend, wird aber die Ursehnsucht durch wetteifernde Maßstäbe und gnadenloses Konkurrenzdenken verschüttet. Oft erst in Augenblicken tiefer Ergriffenheit leuchtet wieder das auf, was das Leben lebenswert macht: Danken und Staunen.

Bewusstes Staunen setzt Demut voraus, das ist keine naive Bewunderung. Staunen gibt den Weg frei, sich auf Nicht-Wissen einzulassen. Das ermöglicht erstaunliche Erfahrungen! Ahnungen, wie etwas auf eine andere Art und Weise geradezu wunderbar sein könnte.

Der Mut Größeres anzuerkennen, ermutigt zugleich, vielleicht auch selbst einmal Größeres zu wagen. Dieses „Über-sich-selbst-hinausdenken" macht den Demütigen selbst nicht klein, sondern hebt ihn zu erstaunlich Höherem empor.

Rose Ausländer (1901–1988) beschreibt das Staunen so:

Bäume und Gras
grüne Augenweide
Tagsüber
die Stimmen von Laub und Fontäne
Nachts
beim Grillengesang
machen wir uns mit den Sternen vertraut
Wir Stäubchen staunen
Spiel oder Traum
So unfassbar einfach ist alles
So vielstimmig
spricht das Märchen Leben uns an

Viele stehen steif herum und fragen: Warum?
Ich aber pfeife träumend vor mich hin
und frage: Warum nicht?

GEORGE BERNARD SHAW (1856–1950)

Mit den Flügeln des Staunens
fliegt alle Beklemmung und Traurigkeit davon.

JEAN DE LA FONTAINE (1621–1695)

Das Leben ist zu interessant, als dass man
nörgelnd darin herumsitzen dürfte.

PETER BAMM (1897–1975)

Das sollte uns zu denken geben:
Die Leute beklatschen ein Feuerwerk,
aber verschlafen einen Sonnenaufgang.

FRIEDRICH HEBBEL (1813–1863)

Wenn man Freude an etwas gefunden hat,
dann nimmt man es auch ernst.

GERHARD UHLENBRUCK (* 1929)

Ohne Staunen gäbe es keine Philosophie.

ARISTOTELES (384 V.CHR.–322 V.CHR.)

Wer sagt, es gäbe keine Wunder mehr,
hat nur das Staunen verlernt.

ANKE MAGGAUER-KIRSCHE (* 1948)

Staunen ist der erste Schritt zur Anbetung.

JAQUES LOEW (1908–1999)

Jeden Tag einfach mal staunen
und überwinden schlechte Launen.

Jeden Tag auf Wunder achten

... und sinnenfroh die Welt betrachten. Ausgerechnet
der Unverstandene und Verfolgte, Friedrich von Schiller (1759–1805), schrieb: „Wo kein Wunder geschieht, ist
kein Glücklicher zu sehen."

Elli Michler (1923–2014) reimte gut zweihundert
Jahre später:

> *Wenn keiner mehr darauf vertraut,*
> *dass Wunder noch geschehen,*
> *wie soll der Mensch in seiner Haut*
> *das Leben gut bestehen?*

> *Wenn keiner mehr an Wunder glaubt,*
> *dann wird's auch keins mehr geben.*
> *Denn wer die Hoffnung sich beraubt,*
> *dem fehlt das Licht zum Leben.*

Ohne Hoffnung keine Zukunft, heißt es. Im verwandten
Wort Zuversicht kommt es auf die Sicht an; da ist auch
die Sichtweise mit von Bedeutung, wird doch der Blick
auf etwas gelenkt, was über ein Hindernis hinausweist.
Was wir dabei finden, beeinflusst denn auch unser *Befinden.*

„Findest du, das war ein Wunder?", ist eine auf-
schlussreiche Frage.

Wie beim Staunen ist das mit dem Verstand allein
nicht zu beantworten; denn jeder sieht die Welt so, wie
er sie empfindet. Das entzieht sich der Logik.

Sieht aber nicht schon ein Kranker die Welt anders
als ein Gesunder? Und sieht die Welt nicht nach einer

überschlafenen Nacht ganz anders aus? So ist hier jemand wie durch ein Wunder plötzlich ein ganz anderer Mensch geworden und dort schüttelt nur jemand mit dem Kopf und meint, das alles wäre nur Einbildung.

Winston Churchill (1874–1965) sagte einmal: „Gelegentlich stolpern wir über eine ewige Wahrheit, die uns vor Ergriffenheit und Freude erschauern lässt. Doch häufig schütteln wir dann nur verwirrt den Kopf und eilen weiter, als sei nichts geschehen, oft sogar mürrisch darüber, dass wir durch Wundersames aufgehalten wurden." Sind wir aber mit uns allein, so regt sich unsere Seele – dann macht sie uns sensibel für Wunderbares. Und wir sehnen uns nach Wunder.

Vor Jahren schaffte wohl nicht von ungefähr ein Lied den Sprung bis an die Spitze der meistverkauften Schlager: „Wunder gibt es immer wieder", so der Titel. Darin heißt es, dass viele Menschen sich fragten, warum ihnen das Glück nicht hold sei. Der Refrain des Liedes gibt eine mögliche Antwort: Ob es nicht wohl an jedem selbst liege, dass sich die Wunder rar machen würden? An Wundern fehle es doch nicht; denn „Wunder gibt es immer wieder."

Fehlt der Sinn für das Besondere, dann bleibt das Glück uns fremd. Die Wirklichkeit und das Erkennen der Wirklichkeit sind zwei getrennte Erfahrungswerte. Jede Erkenntnis einer objektiven Wirklichkeit ist zugleich ein subjektives Erleben, das ist entscheidend.

Der Neuroethiker Dr. Thomas Metzinger (* 1952) sagt es so: „Hirnforschung und Philosophie sind sich darin einig, dass unsere Wahrnehmung uns die Welt nicht so zeigt, wie sie ist, sondern nur einen winzigen Ausschnitt davon, geistig zwar hochverarbeitet, aber dennoch lediglich zusammengesetzt aus unseren individuellen Prägungen und jeweiligen Sichtweisen. Selbst Raum und Zeit und auch Ursache und Wirkung werden aus unserem Gehirn heraus erzeugt und ergeben somit unterschiedliche Wahrnehmungsempfindungen. Trotzdem gibt es natürlich eine Realität. Wir können sie aber nicht unmittelbar erfahren, sondern können nur, entsprechend unserem jeweiligen Befinden, immer nur etwas davon finden."

So bleibt unsere Sichtweise ohne Erlebnisfähigkeit stumpf. Überraschungen stimulieren die Erlebnisfähigkeit. Was wäre noch wunderbar, wenn die Erlebnisfähigkeit auf Knopfdruck gesteuert werden könnte? Was wäre das für ein Leben?

Sich wundern zu können ist mit das Schönste überhaupt! Da agiert nicht nur der Kopf alleine, alle Sinne sind mit beteiligt.

Sinnvoll leben, das ist gar nicht schwer, denn das, was unsere Sinne füllt, ist immer schon reichlich da. Es liegt an uns, welche Auswahl wir treffen – und wie wir damit umgehen. Auf Wunder allein kann man nicht hoffen. Sich aber von Wundern ansprechen zu lassen und sich dabei den eigenen Entwicklungsmöglichkeiten zu stellen, das wirkt weiter. So kann Wunderbares Wirklichkeit werden, vorausgesetzt, anderen wird dabei kein Leid zugefügt. Zum Wunder gehört das Heil. Darum lässt Ärger das Wunder platzen.

Was als Wunder gedeutet wird, schenkt veränderte Lebensperspektiven. Hat jemand Wunderbares erlebt, verwandelt ihn das selbst zu mehr Reife. So wird er mit dem Alltag besser fertig und entdeckt im Alltäglichen mehr Schönes. Das entfesselt wiederum mehr Sinnenfreuden und dankbare Streicheleinheiten für die Seele.

Ein Sonnenauf- oder -untergang mag selbstverständlich sein, aber wie wir ihn empfinden, das erfüllt die Seele oder auch nicht. Paradiesische Sommersonnenaufgänge oder auch farbenprächtige Sonnenuntergänge im Herbst und Winter sind wunderbar (für alle!). Herz und Seele weiten sich – und im Kopf wird es lindernd ruhig.

Diese Wunder sind Balsam für die vernachlässigte Seele, die oft, wie Eugen Roth anmahnte, „betrübt und stumm, ganz teilnahmslos in uns herum" ein klägliches Dasein fristet. Dann sind wir nicht in Form. Starr und steif kämpfen wir uns durch. Wir können keine geschmeidige Lebensform finden, wenn es uns an Schönem fehlt und wir blind werden für all das Wunderbare, was um uns herum geschieht. Wunder gibt es immer wieder ...

Wunderbar, was die Natur uns zeigt. Ein blühender Löwenzahn aus einer Asphaltspalte am Straßenrand. Eine Drossel, die in der Abenddämmerung den Tag mit einem Loblied ausklingen lässt. „Habt ihr denn keine Augen, um zu sehen, und keine Ohren, um zu hören?", fragte Jesus (Mk 8,18) und erinnerte an das Brotwunder am See Genezareth.

Und wir? Sind wir nicht schon so dermaßen mit Medienmüll zugeschüttet, dass Augen und Ohren kaum noch in der Lage sind, zwischen Spuk und Wundern zu unterscheiden?

Wunder gibt es immer wieder: Da verschwand in Indiana einmal ein Collie. Ein Jahr später tauchte er in seiner über dreitausend Kilometer entfernten Heimat in Oregon wieder auf und bellte vor jener Scheune, die einst sein Zuhause war.

Ein Wunder zeigte sich auch bei einem Experiment mit Nordischen Sturmtauchern. Man holte die Vögel aus ihren Nisthöhlen auf der Insel Skokholm vor der Küste Wales. Einer wurde in Venedig frei gelassen und war nach vierzehn Tagen wieder auf der Insel, genau vor seiner Nisthöhle. Ein anderer Vogel war nach zwölf Tagen aus dem fernen Boston zurück, eine Reise von über fünftausend Kilometern quer über den Atlantik!

Die nüchterne Erklärung lautet, dass Zugvögel sich an den Sternen orientieren. Auch hätten sie wohl eine sehr fein abgestimmte Sensibilität für das Magnetfeld der Erde. Und, ist das nun weniger wunderbar? Hätten wir das Wunder dadurch gelöst?

Wenn wir beispielsweise denken, dass etwas wahr ist, so mag das sein. Es „wird" dadurch aber weder wahr, noch „wahrer". Wir denken in Adjektiven und deuten so durch Eigenschaften auf unsere Art die Wirklichkeit. Wir äußern uns prädikativ (angereichert mit Ähnlichem), und reden dann auch noch von „wahren Wundern", als gäbe es auch „unwahre". Ebenso halten wir etwas für „Unsinn", als hinge „der Sinn" von unseren Beurteilungen ab ...

Wunder wollen gar nicht erklärt werden, es reicht, wenn sie uns verklären.

Wenn wir mit der Natur in Kontakt sind, klärt sich auch ohne Erklärungen vieles. Eine Erklärung mag etwas klären; sie verdeutlicht aber zugleich einen Abstand zwischen dem Erklärten und dem Erklärenden. Was aber noch „dazwischen" ist, fehlt.

Es mag ja auch eine interessante Frage sein, wo die Musik in der Geige ist. Was ließe sich dazu nicht alles erklären. Noten abspielen allein macht es nicht. Die Geige allein kann nicht spielen. Und doch ist ihr Klang von ihrem „Körper" abhängig und von dem, was der Geiger mit ihr macht. Ist die Geige nicht gepflegt, kann der Klang nicht zur vollen Entfaltung kommen. Ebenso verhält es sich, wenn der Geiger nachlässig ist und nicht gut übt, weil ihm Komponist und Noten gleichgültig sind. Davon unabhängig ist die eigentliche Komposition als Partitur ja schon da. Ob aber die Musik gespielt wird oder nicht, ob sie Freude bringt oder nicht, das hängt nicht vom Komponisten ab, sondern vom Instrument und dem Wohlwollen des Geigenspielers. Ist aber alles stimmig, und „haben" sich Komponist und Spieler, wird der Virtuose zu einer Art *Co-Creator*. Beseelt durchwirkt er die Komposition so, dass sie zu einem wunderbaren Erlebnis wird. Ja, Wunder mögen „wunderlich" wirken, aber sie wirken durch und durch ...

Wer auf Wunder achtet und sinnenfroh die Welt betrachtet, prägt sein Wahrnehmungsvermögen; so erschließt sich ihm sogar manches Mysterium. Dazu braucht es keine Erklärungen. Mit ihrem rechtfertigenden Charakter stören sie nur. Erklärungen strapazieren den Kopf. Identifizierungen aber beziehen den ganzen Menschen mit ein. Ja, genau das ist wunderbar!

Einfach nur auf einer Bank sitzen und nichts tun - aber schauen und wahrnehmen, was ist (während die Zeit verrinnt), mehr nicht, das allein schon ist wunderbar. „Mehr" würde nur stören.

Vor einem Aquarium sitzen und verwundert die Fische betrachten. Fische sprechen ja nicht. Alles an ihnen will von uns „nur" entdeckt sein – ohne zu reden, ohne Erklärungen.

Sich Zeit nehmen, um in einer Kirche vor einer warm dahin schmelzenden Kerze einfach still zu sitzen. Wundersame Impulse können dabei geschehen. Nichts anderes als *wahrnehmen*, was in dieser besinnlichen Stille *hochkommt*, mehr nicht. Nicht werten, nicht denken, sich einfach nur von Gott anschauen lassen. Und siehe da:

Es geschehen Wunder. Jeden Tag.

Warum nicht auch geheimnisumwitterte? Carl Gustav Jung (1875–1961) erzählte gern therapeutisch die Geschichte vom wundersamen Regenmacher:

Demnach herrschte einmal eine große Dürre. Seit Monaten wartete man auf Regen. Wissenschaftler schossen chemisch vielversprechende Wolkenumwandler gen Himmel, Politiker entwarfen erstaunliche Dürrestrategien und fanatische Weltuntergangspropheten deuteten die Dürre als Strafe Gottes. Nichts half. Irgendwann sagte eine Frau: „Lasst uns doch einen Regenmacher holen." Gelächter.

Und doch ließ man sich, angesichts der bedrohlichen Lage, auf dieses Experiment ein. Sogleich gab es Streit um den besten Regenmacher. Schließlich einigte man sich auf einen bekannten afrikanischen Schamanen. Sofort wurde er mit einem Sonderjet eingeflogen.

Doch alles, was er verlangte, war, ihn in Ruhe zu lassen. Er entschwand in eine stille Kammer. Nach zwei Tagen fragten sich die Experten erzürnt, was diese dubiose Zeitverschwendung solle? Man mache sich doch nur lächerlich! Doch dann zogen dunkle Wolken auf und es begann zu regnen, immer kräftiger. Ein wahrer Segen. Nun bestürmten alle den alten Mann und fragten begeistert, wie er das mit dem Regen gemacht habe? Nichts habe er gemacht, antwortete der Schamane ruhig. „Aber als ich kam, spürte ich hier eine große Disharmonie zwischen Himmel und Erde", sagte er. So hätte er zunächst zwei Tage gebraucht, um endlich wieder ins Gleichgewicht zwischen Himmel und Erde zu kommen. „Nennt es ein Wunder, aber dann kam der Regen von ganz allein", lächelte er.

Sei zum Wunder doch bereit,
halte inne, nimm dir Zeit
für all das Schöne dieser Welt.
Sieh die Blumen auf dem Feld,
sie bezahlen keinen Schneider
und tragen doch die schönsten Kleider.

Sei zum Wunder doch bereit
und halte inne, nimm dir Zeit
auch für dich selbst. Sei gut zu dir.
Lebe jetzt und lebe hier -
und lass dich nicht gefangen nehmen
von Rummel, Wirrwarr und Problemen.

Sei zum Wunder doch bereit,
halte inne, nimm dir Zeit
für all das Wunderbare um dich her.
Schau achtsam hin und sehe mehr -
sodann versuch durch Gottvertrauen
an schönen Wundern mitzubauen.

Ich glaube an Wunder, ich bin ja selber eines!

GRAFFITTI-SPRUCH

Es gibt kein Wunder für den,
der sich nicht wundern kann.

FREIFRAU VON EBNER-ESCHENBACH (1830–1916)

Das Leben ist bezaubernd, man muss es nur
durch die richtige Brille betrachten.

ALEXANDRE DUMAS DER JÜNGERE (1824–1895)

Natürlich gibt es Wunder.
Es gibt nur keine unnatürlichen Wunder.

WALTRAUD PUZICHA (1925–2013)

Lieber ein kleines Wunder
als eine große Wunde.

WOLFGANG J. REUS (1959–2006)

Umkehr wirkt Wunder.

SCHWESTER MARIA EUTHYMIA (1914–1955)

Wer an Wunder glaubt, vollbringt sie auch.

ERNST MORITZ ARNDT (1769–1860)

Wunder werden Wirklichkeit, weil sie nichts anderes sind
als eine andere Art von Wirklichkeit.

ROBERT MUSLI (1880–1942)

Ab und zu brauchen wir ein Wunder,
damit uns die Realität nicht lähmt.

JODI PICOULT (* 1966)

Jeden Tag auf Wunder achten
und sinnenfroh die Welt betrachten.

Jeden Tag was Schönes finden

... und Kleines groß dabei ergründen. Vom Schönen war schon einmal die Rede; doch aus dem – auf den ersten Blick – kleinen Schönen Großes zu ergründen, bedarf noch einmal einer näheren Betrachtung. Was ist denn überhaupt „*das Schöne?*"

Schön ist nicht gleich schön, erst Gefallen macht schön. Schönes steckt im Auge des Betrachters. Hat jemand etwas Schönes übersehen, heißt es ja auch, er sei „auf einem Auge blind". Wird Schönes übersehen, sind die Gedanken scheinbar woanders. Dann fehlt es, pittoresk ausgedrückt, an *Besonnenheit*. Das Schöne ist da. Sind wir aber nicht da, ist es für uns nicht da. Aber selbst wenn es durch uns nicht belichtet ist, bleibt „das Schöne" schön.

Wir bedürfen des Schönen, nicht umgekehrt. Warum sollte es sich uns aufzwingen? Sind wir hingegen *besonnt* vom Schönen, strahlen auch wir sogleich. Finstere Gedanken verflüchtigen sich. Goethe (1749–1832) sagt es so: „Wahre Schönheit bändigt jeden Zorn."

Wahre Schönheit?

Als ich vor einiger Zeit auf der Berliner Museumsinsel im Ägyptischen Museum vor der Büste der Nofretete stand, war ich von deren Schönheit so fasziniert, dass ich mich daran nicht satt sehen konnte. Unglaublich, dass dieses Wunder an Schönheit Menschen schon mehr als 3.300 Jahre begeistert. Im Rausch der Schönheit fühlte ich instinktiv, dass dieses – in seiner Wirkung von Anmut und Noblesse einmalige – Kleinod aus sich heraus „schön ist". Und ich fühlte mich glücklich, es betrachten zu dürfen. Die Büste selbst ist gerade einmal 50 cm groß und doch hat sie eine unwiderstehliche Ausstrahlung. Eine wahre Schönheit.

Ähnliches empfand ich, als ich vor Jahren in der römischen Basilika *San Pietro in Vincoli* vor dem überwältigenden Moses von Michelangelo stand. Auch dort war mir, als hörte ich Michelangelo, als er nach Vollendung seines Kunstwerkes mit einem letzten Hammerschlag diesen, seinen Moses, angeblich aufforderte: „So, nun sprich."

Das weist mit der Schönheit noch auf eine andere Fährte hin: Eine schöne Ausstrahlung ist alles andere als schöner Schein. Was nur den Anschein hat, schön zu sein, ist es nicht, wenigstens nicht so ganz. Ob Schminke oder Dresscode, das allein macht es nicht. Wahre Schönheit hat seine Ausstrahlung aus sich selbst heraus.

Jeden Tag was Schönes finden, meint denn auch, sich nicht vom Grellen blenden zu lassen, sondern lieber *besonnen* hinzuschauen. Nur so lässt sich Kleines groß ergründen. Das hinterlässt bleibende *Eindrücke,* die wiederum einen klareren Blick ermöglichen.

Es muss nicht immer der Moses oder die Nofretete sein. Warum nicht die eigene Großmutter mit ihrem, von Lachfalten umspielten, gütigen Gesicht. Besonnt uns ihre Ausstrahlung nicht auch heute noch? „Schön", wie wohltuend ihre Sanftmut daraus leuchtet.

Es ist ein Irrtum, dass alte Menschen ihre Schönheit verlieren; ihre „schöne Ausstrahlung" wird von attraktiven Menschen häufig nur nicht richtig wahrgenommen.

Die Schönheitswahrnehmung des Kleinen Prinzen von Exupèry (1900–1944) könnte da helfen. Er beschreibt, wie aus einem Affenbrotbaum eine schöne Blüte hervorgeht: „Ihre Schönheit reifte geschützt in ihrer grünen Hülle. Sie wählte ihre Farben mit Bedacht. Sie kleidete sich langsam an, sie ordnete ihre Blütenblätter eins nach dem anderen. Sie wollte nicht so zerknittert aufgehen wie die Mondblumen. Sie wollte nur im vollen Glanz ihrer Schönheit erscheinen. Hey! Sie wollte hübsch sein! Ihre geheimnisvolle Toilette dauerte tagelang. Und eines Morgens, gerade bei Sonnenaufgang, enthüllte sie sich strahlend schön."

Welch große Wirkung aus dem oft unscheinbar Kleinen ausgehen kann, dass wusste auch Jesus. Immer wieder rief er dazu auf, Kleines groß zu ergründen. Er sah darin sogar eine Quelle der Ruhe und Zufriedenheit. So wandte er sich seinerzeit auch wieder einmal Menschen zu, die „ausgepowert" waren und alles nur noch durch die Brille der Kleinmütigen sahen. Ihnen wandte er sich zu, um sie herauszulenken aus dem Kreisverkehr ihrer Alltagssorgen. Da lesen wir in der Bergpredigt (Mt 6, 27–29) von ihm:

„Wer von euch kann mit seiner Sorge sein Leben auch nur um einen Tag verlängern? Schaut und lernt von den Lilien auf dem Felde ...

Selbst Salomo war in all seiner Pracht nicht so schön gekleidet wie eine von ihnen."

Jesus wollte damit wohl sagen: Schönes finden und Kleines dabei groß ergründen, ist erhebend. Dagegen verblasst Kleinkram.

Das zu lernen, ist nicht schwer. Nicht nur für schillernde Attraktionen Augen haben, lieber öfter einmal besonnen hinschauen. Da ist dann kein Platz mehr für Sorgen; vielmehr werden wir durch die Ausstrahlung der Schönheit „erleuchtet".

Wer etwas Schönes findet, hat sich dafür geöffnet, alles andere ist Geschenk. Darum kann es nur der eigene Wille sein, der sich dennoch trotzig über dieses Geschenk erhebt. Schönheit und Überheblichkeit schließen sich aus. Wer überheblich ist, kann nicht gleichzeitig schön sein, er ist nicht ergriffen. Im Ergriffensein will nichts begriffen sein. Es ließe sich auch sagen: „Einfach nur hin und weg." Besonders eindrucksvoll zeigt sich uns das im emotional Schönsten, in der Liebe.

Wer im Ergriffensein seinen Intellekt bemüht, um anhand von Vergleichen die Intensität der Wirkungen zu ergründen, verzweckt das Schöne.

Als Roger Willemsen (1955–2016) in einer Talk-Show einmal seinen Gästen die Frage nach der Schönheit stellte, konnte keiner sie zufriedenstellend beantworten. Alle ereiferten sich, bis dass schließlich der Gastgeber feststellte: „Mir scheint, wir reden am Schönen vorbei." Um das Gespräch nicht ausarten zu lassen, lenkte Willemsen die Aufmerksamkeit nun auf „das Innen", damit fiel der Begriff *„beseelt"*. Sogleich kehrte Ruhe ein, in der Erkenntnis, „ich kann erst Schönheit empfinden, wenn mich etwas beseelt."

Ja, dann ist es um mich geschehen, nur noch Glück. Was mehr?

Dennoch greift bei der Schönheit vieles ineinander. Es ist also nicht so, dass äußere Schönheit keinen Reiz hätte und nur die inneren Werte zählten. Kann körperliche Schönheit nicht auch beseelen? Gewiss kann sie das. Hinter der früheren Ermahnung aber, nicht so oft in den Spiegel zu schauen, um gar noch Gefallen am eigenen Aussehen zu finden, stand die massive Leibangst einer falsch verstandenen Frömmigkeit. Wie viel an beseelter Lebensfreude ging demzufolge nicht durch die Missachtung äußerer Schönheit verloren? Liebe macht schön. Und nicht nur das. Liebe bewirkt Schönes. Und umgekehrt, wer würde sich nicht gern schön machen für die Liebe?

Nichts spräche gegen den Wunsch, sich kosmetisch beraten oder in einem Schönheitssalon behandeln zu lassen. Angst, nicht so schön sein zu dürfen, wie man möchte? Dem eigenen Naturell mehr Anziehungskraft abzugewinnen, macht es einfacher, sich in der eigenen Haut wohlzufühlen. Wäre das nicht gerade für jene eine Wohltat, die ansonsten andere zu pflegen haben? Dass es ihnen danach wieder gut geht, zeigt ihr blendendes Aussehen und ihre schöne Ausstrahlung.

Außergewöhnliches kann sich aber nicht jeder jeden Tag gönnen. Das wäre auch gar nicht gut. Denken wir nur an die Mode, was heute „in" ist, ist morgen „out". Ehedem Schönes wird en masse entsorgt. Es fehlt die Wertschätzung. Die sollte bei sich selbst aber Vorrang haben.

Wie wäre es, sich täglich auch sich selbst zu gönnen? Eine Weile sich selbst gut sein, von zu Hause loslassen, entspannen und bewusst den Blick auf Schönes lenken. Schönheit wischt den Staub vom Blick des Alltäglichen. Das ist wie Fensterputzen. Danach sagen wir ja auch: „Nun strahlt es wieder!" Wie schön sieht plötzlich die Welt wieder aus.

Schönheit zieht an, weil sie entstresst und zugleich froh stimmt. Das trifft auch für „die Außenbereiche des Lebens" zu, der schöne Garten, der schöne See, die schöne Wiese, das schöne Meer ...

Da ich selbst oft in Klöstern weile, spricht mich dort immer die schlichte Schönheit der Klosterfriedhöfe an, für jeden nur ein schlichtes Kreuz; es zeigt, im Tod ist jeder gleich. Das macht ruhig. Schönheit durch Kontur.

Schön auch die Klostergärten, klar gegliedert, gepflegt und einladend. Schönheit durch Struktur. Friedhof und Garten ähneln einander, da will nichts – blendend – ins Auge fallen. Schönheit durch schlichte Ausstrahlung. Gerade das bewirkt Frieden und Gelassenheit. Bei Menschen ist das ähnlich. „Schön", wenn sie Gelassenheit und Ruhe ausstrahlen, viel schöner, als wenn vor Schönheitswahn das Geschmeide klimpert.

Ob Friedhof oder Garten, Park oder Landschaften, wie schon im *Feng Shui* verdeutlicht, wirken Außenräume auf Innenräume. Wenn dort das Betrachtete die Seele erreicht und anrührt, kann es zur *Grünkraft* unseres Lebens werden, ein zentraler Begriff der Mystikerin Hildegard von Bingen (1098–1179), womit Blütenschönheit, Wachstum und Lebensfrucht gemeint sind. So ist von ihr überliefert: „Schönheit über Schönheit, ja, himmlische Schönheit, wenn ich mit offenen Augen das betrachte, was du, mein Gott, alles für mich geschaffen hast."

Nehmen wir uns vor, Schönes zu entdecken, wird es sich uns auch zeigen und zur *Grünkraft* für uns werden. Sogleich werden wir uns besser fühlen. Achten wir also darauf: Jeden Tag was Schönes finden – und Kleines dabei groß ergründen. Wir blühen auf.

Unsere Gesundheit wird von Stimmungen und Empfindungen beeinflusst, die wir durch eigene Wahrnehmungen bewirken. Wer jeden Tag auf etwas Schönes achtet, konditioniert nicht nur seine geistigen Widerstandskräfte gegen negative Beeinflussungen, sondern er konditioniert gleichzeitig sein Immunsystem. Chronischer Stress, Missmut, Kritiksucht, Ärger bis hin zu Irritationen, stören die Immunabwehr.

Das Schöne aber, das stärkt von innen her. Das Empfinden von Schönem, was in den reichen Gaben der Natur steckt, mindert, ja, überwindet Stress, Gereiztheit, Unmut und Sorgen. Sind wir nicht (mehr) offen für Schönes und Stärkendes, sind wir auch weniger belastbar, schneller launenhaft, abweisender usw.

Um sich gut zu fühlen, muss man nicht gleich ein Heer von guten Freunden, Förderern und Gönnern um sich haben. Nein, der bewusste Blick auf etwas Schönes reicht. Es ist genug davon da! Und schon sieht die Welt anders aus.

Mein Großvater war ein Lebenskünstler und er hatte, wie man so sagt, seine Marotten. Nie verließ er das Haus, ohne vorher eine Handvoll Bohnen einzustecken. Er nahm sie mit, um so die schönen Momente des Tages bewusster wahrzunehmen. Für jede schöne Kleinigkeit, die er tagsüber erlebte, nahm er aus seiner linken Hosentasche eine Bohne und steckte sie sich in die rechte Hosentasche. Manch besonders schöne Begebenheit war ihm auch schon mal zwei Bohnen wert ...

Abends saß er dann zu Hause am Tisch und zählte vor dem Abendessen die Bohnen aus seiner rechten Hosentasche. Auch wenn es vielleicht nur mal zwei Böhnchen waren, so erinnerte er sich doch mit einem stillen Lächeln an das Schöne, was damit verbunden war. Auf jeden Fall wurde ihm bewusst: Es war mal wieder „ein schöner Tag"!

Die Schönheit der Dinge lebt in der Seele
dessen, der sie betrachtet.

DAVID HUME (1711–1776)

Eigentlich gibt es nur zwei Arten zu leben:
Entweder so, als wäre nichts wunderbar,
oder so, als wäre alles wunderbar.

ALBERT EINSTEIN (1879–1955)

Charme ist die Seele der Schönheit, ohne die
nie jemand richtig schön sein kann.

SOPHIA LOREN (* 1934)

Poesie ist Wahrheit, die in Schönheit wohnt.

ROBERT GILFILLAN (1798–1850)

Jeder, der sich die Fähigkeit erhält,
Schönes zu erkennen, wird nie alt.

FRANZ KAFKA (1883–1924)

Auch aus Steinen, die dir in den Weg gelegt werden,
kannst du etwas Schönes bauen.

ERICH KÄSTNER (1899–1974)

Die Welt ist so schön, dass man um sie kämpft.

ERNEST HEMINGWAY (1899–1961)

Wer sagt, dass Falten nicht schön sein sollen?
Sie sind das Leben in meinem Gesicht!

BRIGITTE BARDOT (* 1934)

Jeden Tag was Schönes finden
und Kleines dabei groß ergründen.

Jeden Tag für etwas danken

... und Gutes Armen tun und Kranken. Danken kommt mhd. aus der Wortfamilie *denken* und bedeutet soviel, wie „jemanden in Gedanken halten". Ein undankbarer Mensch ginge demnach gedankenlos, ja, stumpfsinnig, durch die Welt. Nichts, woran er sein Herz hängen könnte.

Alles selbstverständlich. Nichts Besonderes. Und wenn, so „steht es einem doch wohl zu, oder"? Und wenn nicht, „dann können mich mal alle" ...

Von gewinnender Sensibilität und Freude keine Spur. Empathie ist ein Fremdwort. Dafür folgt der Ruchlosigkeit am Ende die Verrohung.

Nur jemand, der stupide ist, nicht weiterdenkt, könnte auf die Idee kommen, er hätte nichts und niemandem etwas zu verdanken; ist doch jeder Mensch mit untrennbar vielen Banden in nähere oder fernere Gemeinschaften verbunden. Es wäre schon eine skurrile Täuschung, zu meinen, man könne auch außerhalb dieser Beziehungen nur für sich allein Erfüllung finden, man hätte also niemandem etwas zu verdanken.

Deutlicher wie Hermann van Veen (* 1945) ist dem nicht zu widersprechen, wenn er in einem seiner Chansons liebevoll singt:

> *Alles, was ich hab', hab' ich von einem andern.*
> *Alles, was ich weiß, weiß ich von einem andern.*
> *Alles, was ich sag', sag' ich einem andern*
> *und alles, was ich geb', geb' ich einem andern.*

Die Hand, die ich geb', geb' ich einem andern,
und die Tränen, die ich lass, lass ich für einen andern
Alles, was ich hab', das ist ein Name nur –
und auch den hab' ich von einem andern.
Nur meine Gänsehaut, die ist von mir selbst.

Jeden Tag für etwas danken, verhindert, dass wir vor lauter Beschäftigung mit dem schnurrenden Egokreisel schwindelig werden. Sind wir aber für Resonanzen empfänglich, die außerhalb dieses egozentrischen Brummkreisels liegen, werden wir auch *erkenntlicher;* dann öffnet sich das Herz auch für andere, andere, die ebenso auf die Erkenntlichkeit anderer angewiesen sind.

So greift eins ins andere: Menschen, die wir heute unterstützen, können uns morgen schon Stütze sein. Mitleid alleine hilft nicht, besser wäre Anteilnahme.

Vorrangig erstrebenswert ist heute Jugend, Gesundheit, Leistung und Erfolg. Obwohl wir täglich mit dem Leid Armer und Kranker konfrontiert werden, fällt es uns schwer, uns damit konstruktiv auseinanderzusetzen. Anteilnahme wird übertönt vom lauten Ruf nach dem alles regelnden Sozialstaat, nach Heimen und Einrichtungen, wo die Alten, Kranken, Behinderten, Obdachlosen, Benachteiligten oder auch Flüchtlinge „doch alles haben, was sie brauchen". Und fast trotzig folgt oft auch noch die Frage: „Was mehr denn noch?"

Nicht, dass ihnen das nicht gewünscht sei, aber was die Betroffenen mehr denn je bräuchten, ist soziale Wärme, indem wir aufeinander zugehen, miteinander reden und füreinander einstehen. Nur so können wir die Gedanken und Gefühle der anderen verstehen lernen. Nur so sehen wir auch die Gaben und Fähigkeiten, die wir dankbar von ihnen empfangen können. Nichts, was im Leben nicht gegenseitiges Geben und Nehmen wäre.

Es fehlt *Maßgebendes* in der Annahme, sich diesem widersetzen zu können. Durch arrogante *Anmaßung* macht sich eine lebensfeindliche *Vermessenheit* breit, rechtfertigend mit dem Recht auf die eigene Lebensart und Präferenz der persönlichen Freiheit.

Wer frei sein will, darf nicht nur Nabelschau betreiben. Freiheit ist mehr als eine Auswahl an Handlungen, Freiheit ist eine Auswahl an Haltungen. Die persönliche Freiheit hört da auf, wo andere in ihrer Entwicklung behindert oder in ihrer Ehre herabgemindert werden.

Zwar sind wir alle frei, uns für die Freundschaft dieser oder jener Menschen (mehr oder weniger) zu entscheiden, sobald aber eine *Entscheidung* getroffen ist, ergibt sich daraus eine Bindung, welche automatisch die eigene Freiheit relativiert. Somit wäre „die totale Freiheit" in Wirklichkeit eine menschenverachtende Ellbogenfreiheit, politisch in Anarchie endend.

„Der Mensch ist ein soziales Wesen", dieser verhaltenstherapeutische Leitsatz besagt, dass wir alle auf *ein Du* hin angelegt sind und sich niemand aus sich selbst heraus verwirklichen kann. Vielmehr brauchen wir einander! Also verdanken wir uns auch alle gegenseitig etwas.

Dankbar zu sein, das führt automatisch auch zum *Andenken* der sozialen Wurzeln. Jeder ist in einem weit verzweigten sozialen Wurzelwerk verankert, wovon auch unser Sprachgebrauch geprägt ist. Stammbaum, Verästelungen, wilde Triebe, eine harte Rinde oder ein weicher Kern, all das sind Synonyme für ein Leben, das sich nicht selbst verdankt.

Wir reden von Stammvätern und -müttern und meinen die, welche die Basis dafür geschaffen haben, dass wir Heutigen uns am Leben erfreuen dürfen. Dabei reichen unsere eigenen Wurzeln schon wieder an die heran, die das künftige Weiterleben sichern. Das wird auch deutlich in einem der schönsten und ältesten Weihnachtslieder (aus dem 16. Jh.): „Es ist ein Ros entsprungen, aus einer Wurzel zart, wie uns die Alten sungen, von Jesse kam die Art ...“

Um uns an unsere Art, wenigsten hin und wieder, dankbar zu erinnern, helfen besondere Gedenktage: Geburtstag, nach katholischer Sitte auch der Namenstag („auch meinen Namen hab ich von einem andern“), Hochzeitstag, Mutter- oder auch Vatertag, Valentinstag, Todestage, Totensonntag, Allerheiligen, Erntedank ...

Alles Anlässe, um zu danken. Persönlich ließen sich weitere noch hinzufügen, die daran erinnern, dass wir einen Gutteil unserer guten Lebensverwirklichung Personen oder Umständen zu verdanken haben, die einst die Grundlagen unserer heutigen Entwicklungsmöglichkeiten legten.

Jeden Tag aber für etwas zu danken, das zieht den Kreis weiter, weiter deshalb, um den wachen Blick für die vielen stärkenden Impulse im weiten Beziehungsgeflecht des Lebens nicht zu verlieren. „Zieh den Kreis nicht zu klein“, so lautet denn auch ein schönes Kirchenlied von Ludger Edelkötter (* 1940).

Während eines Aufenthaltes im Nordssesanatorium in Wyk auf Föhr, direkt am Meer gelegen, lief ich früh morgens gerne den weiten Strand entlang. Von Ferne sah ich dort täglich einen älteren Mann, der sich hin und wieder bückte, um dann etwas ins Meer zu werfen. Das machte mich stutzig und so ging ich eines Morgens auf ihn zu. Ich sah, wie er Seesterne aufhob, um sie ins Meer zurückzuwerfen. Warum er das tue, fragte ich ihn? „Weil sie sonst schon bald in der Sonne vertrocknen würden", antwortete er, nickte, und betonte: „Auch die Seesterne brauchen uns." Gleich darauf lachte der Mann und meinte, mehr so für sich: „Ich an ihrer Stelle wäre dankbar, wenn man mir so helfen würde."

Er sei von anderen auch schon mal gefragt worden, ob sein morgendliches Tun nicht sinnlos sei, bei all den Tausenden, denen er nicht helfen könne. Da habe er die Hand geöffnet, dem Zweifelnden den Seestern gezeigt und gesagt: „Für ihn hier war es sinnvoll."

Geht es nicht uns auch oft so wie diesem Seestern? Nichts ist selbstverständlich. Umsichtig kommt das in dem freudigen „Danke-Lied" von Martin Gotthart Schneider (1930–2017) zum Ausdruck, wo für jeden guten Morgen ebenso gedankt wird wie für alles Frohe und Helle, die Arbeitsstelle, alle guten Freunde und die vielen Stunden in schöner Gemeinsamkeit.

Und eines unserer schönsten Abendlieder haben wir Matthias Claudius (1740–1815) zu verdanken, der nicht nur alle irdischen Gaben dankbar lobt, sondern auch im aufgehenden Mond Dankbarkeit seinem Schöpfer gegenüber empfindet. Das Lied lenkt den Blick auf das Wesentliche und rät ab von „Luftgespinsten" und vielen „Künsten", die, oft von Übermut getrieben, vom Eigentlichen nur ablenken und uns oberflächlich werden lassen. Statt dessen weist er den Blick nach oben: „Seht ihr den Mond dort stehen, er ist nur halb zu sehen, und ist doch rund und schön. So sind auch manche Sachen, die wir so oft belachen, weil unsre Augen sie nicht sehn."

In dem Bewusstsein, im Großen und Ganzen mit einbezogen zu sein, sieht er sich auch nicht allein. Diese mitmenschliche Wärme lässt ihn im „kalten Abendhauch" weder jammern noch frieren. Umso mehr wähnt er sich geborgen in seiner „stillen Kammer".

Er bittet seinen Schöpfer aber nicht darum, dass nur *er* jetzt gut schläft, nein, er bezieht alle mit ein, auch Arme und Kranke, die, die es jetzt nicht so gut haben wie er, also „unsern kranken Nachbarn" auch. Und damit ist er im Frieden ...

Er denkt nicht mehr, er dankt. So kann er ruhig schlafen.

Ein schönes Abendritual wäre auch, sich vor dem Einschlafen bewusst zu machen:

1. Was war heute schön?
2. Wofür darf ich dankbar sein?
3. Wen habe ich lieb?

Liebe und Dankbarkeit sind nicht voneinander zu trennen, sie bedingen einander. Das tut gut. Mir sagte einmal eine depressive Frau: „Seit ich jeden Tag immer mal wieder für etwas danke, geht es mir viel besser."

Dankbarkeit lenkt von Sorgen ab und korrigiert eine allzu begehrliche Sichtweise. Viele Menschen wären dankbar, wenn sie so leben könnten wie wir: Arme, Kranke, Notleidende, Schwermütige, Alleingelassene, Arbeitslose, Vertriebene, Hungernde ...

Auch uns kann es schwer treffen. Das soll nicht bagatellisiert werden. Und doch können wir uns glücklich schätzen, nicht so leben zu müssen, wie ein Großteil unserer

Mitmenschen auf der Welt. Vielleicht haben wir, just wie der Seestern, gerade das Glück gehabt, dass jemand für uns da war.

Wie dem auch sei, wir haben uns das Glück nicht verdient. Wir können froh und dankbar sein, dass es uns so gut geht! Was für Kleinigkeiten sind es dagegen, die oft eine schlechte Stimmung aufkommen lassen.

Mascha Kalèko (1907–1975) zeigt, wie es anders geht:

Ich freu mich, dass der Mond am Himmel steht
und dass die Sonne täglich neu aufgeht.
Dass Herbst dem Sommer folgt und Lenz dem Winter,
gefällt mir wohl – da steckt ein Sinn dahinter.

Wenn auch die Neunmalklugen ihn nicht sehn,
der Kopf kann Glück nur schlecht versteh'n ...
Ich freu mich, dass ich mich ans Schöne
und all die Wunder nie gewöhne.
Dass alles so erstaunlich bleibt und neu.
Ja: Ich freue mich, dass ich mich freu!

Tausend Dank! Vergessen wir doch oft, dass allein das *„Dasein"* dankenswert ist.

Die wichtigsten Worte im Leben
sind Bitte und Danke.

BERNHARD HEINRICH OVERBERG (1754–1826)

Freude ist die einfachste Form der Dankbarkeit.

KARL BARTH (1886–1968)

Nicht die Glücklichen sind immer dankbar, es sind die
Dankbaren, die immer glücklich sind.

FRANCIS BACON (1561–1626)

Wer nicht zufrieden ist mit dem, was er hat,
der wäre auch nicht zufrieden mit dem,
was er haben könnte.

BERTHOLD AUERBACH (1812–1882)

Wie lieblos muss der leben,
der nicht danken kann.

JEREMIAS GOTTHELF (1797–1854)

Wer den Acker pflegt, den pflegt der Acker.

ALTE BAUERNWEISHEIT

Wer Dank mit Belohnung verwechselt,
hat nur das Letztere verdient.

AUGUST VON KOTZEBUE (1761–1819)

Dankbarkeit ist das Gedächtnis des Herzens.

JEAN-BAPISTE MASSILLON (1663–1742)

Jeden Tag für etwas danken –
und Gutes Armen tun und Kranken.

Jeden Tag an Gott sich wenden

... behütet ruh'n in seinen Händen. Wohl nicht wenige, die jetzt sagen würden: „Wenn ich das nur könnte." Gott? Ihn erklären zu wollen, das käme dem Versuch gleich, einer Stubenfliege die zehn Gebote verständlich zu machen.

Gott ist unerklärlich, undenkbar; aber er ist erfahrbar. Sehr schön sagte das Dietrich Bonhöffer (1906–1945): „Gott ist im Diesseits jenseitig."

Vielleicht könnte das Licht Gott „belichten". In einem dunklen Raum sind die Schlüssel nicht zu finden, obwohl die Gewissheit besteht, dass sie da sind. Es sind auch keine Farben erkennbar, obwohl der Sessel rot und der Tisch braun ist. Die Farben aber zeigen sich nur durch Lichtbrechungen, das Licht selbst hat keine Farbe, es ist einfach nur Licht, etwas, was „erleuchtet"...

Kommt Gott ins Spiel, dreht es sich um die Frage, wie sich erkennen lässt, dass sich in Fakten eben nicht die ganze Wirklichkeit zeigt. Und schon drängt sich die nächste Frage auf: „Ja und? Ist das nicht alles wohl Spekulation?" Ja, das ist es. *Spekulieren* bedeutet soviel wie eine Wahrnehmung „von innen heraus". Vom menschlichen Standpunkt aus betrachtet, ist *Gott* reine Spekulation, das mindert aber nicht die empirische Dimension, also die Bedeutung, die sich (je nach Intensität) aus dieser Wahrnehmung ergibt.

Auch wenn Aristoteles (384 v.Chr.–322 v. Chr.) gar das Glück für reine Spekulation hielt, würde niemand auf die Idee kommen, das Glück als Unsinn zu bezeichnen. Oder?

Spekuliert nicht von Natur aus jeder Mensch nach Sinn, Glück und Erfüllung? Es sind alles Ziele, die das eigene Vermögen übersteigen. Und doch kann niemand so etwas gar nicht „nicht wollen". Das ist der Ursprung und Beweggrund der Religion. Gott.

Zwar wird „der Glaube" und damit auch *das Sich-wenden-an-Gott* als freie Entscheidung gesehen, doch liegen Glaube, Hoffnung und Liebe im menschlichen Wesen verborgen, egal, wie dieser Glaube sich äußert.

Der Glaube ist nicht das Heil, aber *das Sich-wenden-an-Gott* ist der menschlich vernünftige Weg zum Heil, verborgen im Urvertrauen. Ist der Glaube nicht aus diesem Vertrauen heraus in bejahender Liebe gegründet, wirkt er destruktiv.

Darum ist die Religion allein auch noch keine Garantie für ein gelingendes Leben. Wer sich an Gott wendet, um ihn zu begreifen, wird ihn nie und nimmer „in den Griff" bekommen. Gott zu „verzwecken" führt immer in Schande und Unheil.

Es gibt keine „geordnete Magie" im Umgang mit Gott. Wer sich aber *vertrauensselig* an Gott wendet, wird beseelende Kräfte erfahren, die über die Vernunft (Ratio) hinausweisen und von erzieherischen Kräften zum Guten hin durchwirkt sind.

Ja, das macht das Lebend „spannend", weil die Hinwendung, vom Bogen der Sehnsucht gespannt, über die Vernunft hinaus zielt. So laufen letztlich alle menschlichen Ziele auf ein wesentlich erfüllenderes Ziel hinaus. Drei, von Hinwendung geprägte Worte, könnten dafür (in entsprechender Reihenfolge) stehen: Einblick, Durchblick, Weitblick. Das befriedet tiefste Empfindungen.

Diesen „ganz anderen Frieden" zu spüren, einen Frieden, den die Welt nicht geben kann, ist nicht einfach mal Entspannung, um stressfrei Ruhe zu haben, nein, das Gefühl, in Gottes Hand zu ruh'n, bewirkt, dem Dasein durch und durch trauen zu dürfen. Das schafft Raum für eine tiefe, saumselig-ruhige Zuversicht, eine ahnende Verheißung, dass nichts sinnlos ist, dass alles in allem einander zugetan ist, du und ich, der Seestern, das Sandkorn und das Meer.

In seinem Abendlied ‚Der Mond ist aufgegangen', wendet sich Matthias Claudius 1790 an Gott und bittet ihn „einfältig, unbekümmert und fröhlich" wie ein Kind zu werden, um weniger dem Vergänglichen, dafür aber mehr dem beständigen Heil zu trauen. Wie? Das sagte er mit diesem kurzen Vers einmal im Wandsbecker Boten: „Was nah ist und was ferne, von Gott kommt alles her, der Strohhalm und die Sterne, das Sandkorn und das Meer."

Daraus spricht nicht etwa Naivität, sondern Ehrfurcht. Nicht dass der Ehrfürchtige seinen Schöpfer „fürchtet", nein, er zeigt vielmehr im Umgang mit seiner Schöpfung Achtung und Sorgfalt – bis hin zum Seestern am Strand. Statt wie in Trance durch die bunte, laute Konsumwelt zu taumeln, hält sich, durch das kurze Innehalten, das Innere – und verliert sich nicht im erlebnisgierigen Rausch. Das schärft die Blicke; vom Einblick über den Durchblick zum Weitblick. Das schenkt Ruhe und Zuversicht.

Einer der zentralen Gründe für Krankheit und Unbehagen sind Konflikte mit der Lebenswirklichkeit; wir wollen zu viel, werden *wolllüstig,* hegen illusorische Phantasien, stöhnen unter falschem Ehrgeiz, kurz, wir verlieren den Bezug zu unserer inneren Stimme. Sie braucht so etwas wie eine Resonanz, die uns durchdringt, damit wir unsere menschlichen Grundbedürfnisse nach charakterlicher Stabilität, erfüllenden Sinnverwirklichungen, Vertrauen, Liebe, Geborgenheit und unbeschwerter Lebensfreude nicht verlieren. Füllen wir sie ohne wirkliche Erfüllungen, rauschen wir an uns selbst vorbei.

Gerade um nicht durchs Leben zu rutschen, sind die kleinen Momente des Innehaltens täglich so wichtig. Indem wir uns durch besondere Menschen und Situationen angesprochen fühl(t)en, fühlen wir, in dieser kleinen Weile der Hinwendung, Gottes Nähe. Es ist, als würden Impuls und Resonanz ruhig hin und her schwingen.

Jeden Tag an Gott sich wenden, das meint, einerseits Distanz zu wahren und andererseits Nähe, ein heilendes „Ausschwingenlassen" von Aktion und Reaktion. So können sich Blockaden lösen, verstellte Sichtweisen neu ausrichten und auch der Organismus kann sich für eine Weile wohltuend erholen.

Das verhindert tolldreisten Übermut. Allein die Demut einem Seestern gegenüber verhindert willkürliches Denken und Handeln, dafür stärkt es heilsame Erfahrungen im Umgang mit der Schöpfung.

Wenn wir Menschen uns als „Geschöpfe" bezeichnen, steht dahinter doch die Erfahrung eines „Schöpfers". Was sonst? Wird dazwischen aber nicht mehr unterschieden, drohen verhängnisvollen Folgen.

Unbestritten ist, dass Naturwissenschaft und Technik uns ungeahnte Möglichkeiten verschafft haben, die Welt effektiver zu gestalten und zu nutzen. Gerade weil aber Technik und Biologie mit immer mehr großartigen Erfolgen auftrumpfen, ist es umso wichtiger, diese Erfolge nicht nur kritisch, sondern unter dem Aspekt der Nachhaltigkeit zu hinterfragen. Dominiert allein der Selbstzweck, trügt der Sinn; das Innere wird hohl ...

Das lässt sich vermeiden, indem wir „aus höherer Sicht" dafür sensibilisiert werden, ob unsere Entscheidungen, die wir heute treffen, auch morgen noch Bestand haben, ob sie nachhaltig sind, ob sie uns Heil oder Unheil bringen.

Eben weil nicht alles Machbare und Moderne zugleich auch gut ist, ist es gut, immer auch Herz und Seele mit einfließen zu lassen. Der Kopf allein – und sei er auch noch so klug – genügt dafür nicht. Ist das Kluge nicht vom Urvertrauen durchwirkt, fehlt die Nachhaltigkeit. Intuitive Ahnungen reichen oft weiter, als situationsbezogene Lösungen.

So ist es gut, sich immer mal wieder von sich selbst zu lösen, sich an Gott zu wenden und offen zu sein für unbewusste Impulse. Diese feinen Impulse und Resonanzen ruhig ausschwingen zu lassen, daran fehlt es häufig.

Es beginnt bei uns selbst. Denn da das Urvertrauen den Menschen von Anfang an leitet, verlangt es eine Einwilligung ins Geleitetsein. Dabei willigt der eigene freie Wille sozusagen in die Synchronisation mit einem übergeordneten Willen ein. So paaren sich Klugheit und Weisheit. So öffnen sich die Schleusen zu erfüllenden Sinnempfindungen.

Jeden Tag an Gott sich wenden, das ermöglicht, für höhere Beweggründe hellhörig zu werden, um dann in sie einzuwilligen. Das löst uns aus der Egofalle, befreit und weitet den Blick für sinnorientierte Lösungen.

Wir selbst können ja keinen Sinn „machen", wir können für ihn nur offen sein, um umfassender denken und handeln zu können. Dazu bedarf es einer kontinuierlichen Aufgeschlossenheit dem Schöpfer gegenüber, indem wir ihn in unseren Alltag mit einbeziehen – und nicht erst in Notsituationen auf ihn aufmerksam werden.

Wer sich an Gott wendet, ja, mit ihm lebt, der macht zwar wie die anderen das Gleiche, aber er macht es anders. Und die anderen merken es:

Wir grüßen anders, die freundlichen Worte klingen anders, die Gesten der Anerkennung erscheinen anders, das taktvolle Benehmen wirkt anders, das Helfen hilft anders und unser Mitgefühl heilt anders. Wir selbst sehen eben alles anders. Gott mit einbezogen, sagen uns Sterne etwas, der Seestern bedeutet uns etwas, der Strohhalm möchte uns etwas vermitteln und aus dem Rauschen des Meeres vernehmen wir mehr.

Es gibt keinen Mangel an Sinn, nur einen Mangel an Achtsamkeit für den Sinn. Es ist denn auch keine seelenlose Zeit in der wir leben, es ist eine Zeit, in der wir der Seele zu wenig Beachtung schenken.

Jeden Tag an Gott sich wenden, das schenkt uns das verlorengegangene Vertrauen wieder und stärkt unsere Zuversicht. Wäre das nicht ein Segen?

Verkümmert hingegen die Seele, verkümmert der Mensch. Mit etwas mehr Gottvertrauen, so der französische Psychologe Gustave Le Bon (1841–1931), könnten unsere Kräfte verzehnfacht werden. Voraussetzung dafür ist allerdings eine *bejahende* Spiritualität.

Willigt der eigene freie Wille nur unter bestimmten Bedingungen in Gottes Huld ein, so versuchen wir nur Gott und es ergeben sich verstockte, bedrohliche Situationen.

Wer sich täglich aber „vertrauensselig" an Gott wendet und regelmäßig betet, lebt optimistischer und leidet weniger unter psychosomatischen Störungen als jene, die das nicht tun. Das ist erwiesen.

Untersuchungen lassen keinen Zweifel daran, dass gläubige Menschen Schicksalsschläge und Nöte besser bewältigen, weniger anfällig sind für Zank und Schwarzmalerei, im Leid selber zuversichtlicher denken und sich heilungsfördernden Maßnahmen gegenüber bereitwilliger öffnen. Alter und Tod akzeptieren sie gelassener, was vor Verzweiflung schützt und Ängste mindert. Ganz entgegen gängiger Meinungen sind gläubige Menschen zumeist froher und couragierter als Zweifler.

Schon mit der Intention, sich einfach an Gott zu wenden, kommt Bewegung in starre Gedankenmuster. Die geistige Verarbeitung bekommt eine andere Qualität. Das liegt nicht allein am gescheiten Kopf. Es wird ja nicht umsonst oft von *Erleuchtung* gesprochen. Begrenzt wird sie weder durch Schulbildung noch Alter oder gesellschaftliche Stellung. Begrenzt wird sie allein durch menschliche Verschlossenheit, Eigensinn und Hoffart.

Menschen hingegen, die „für mehr offen" sind, bezeugen eine Klarsichtigkeit, die sie mehr sehen lässt; Gedankenblitze, die plötzlich aufleuchten, Begeisterung, die beflügelt und Entschlüsse, die nach Verwirklichung rufen. Sie stehen dafür ein, dass ihnen die Augen geöffnet wurden und sie einen belebenden Zuwachs an Kraft und Energie verspürten. Auch ist vom Mut zur Wahrheit die Rede und einer tiefen, heilenden Ruhe.

Heilung ist nicht Reparatur, sondern Wandlung. Dazu gehört die Erfahrung, dass sich Symptome auch erst dann auflösen, wenn die Bereitschaft zu Neuem stärker ist als der Wunsch, alte Verhaltensmuster nur zu bekämpfen.

Um mich dem zuwenden zu können, ist es gut, sich dem Lärm der Welt hin und wieder zu entziehen. An Gott sich zu wenden, dazu bedarf es der Stille. Erst so kommen wir auch mit uns selbst ganz in Berührung. Vielleicht ahnen wir etwas von dem, was noch werden möchte ...

Werden hat ja zweierlei Bedeutung; einerseits ist Werden keine gewollte Tätigkeit, sondern ein *Geschehen-lassen-können,* etwas, was mir widerfährt, nachdem ich Belastendes losgelassen habe; andererseits beinhaltet es so etwas wie eine Verheißung, an meinem Werden auch mitzuwirken.

Mich erinnert das an etwas, was Irenäus von Lyon (ca. 135–202) einmal sehr schön so ausdrückte:

„Mensch, Du bist ein Werk Gottes. Erwarte also in ruhiger Zuversicht die Hand Deines Künstlers, die alles zur rechten Zeit macht. ...

Bring ihm ein weiches, williges Herz entgegen und bewahre die Gestalt, die der Künstler dir gab. Bleibe aber formbar, damit Du nicht verhärtest und die Spur seiner Finger verlierst. ...

Wenn Du dir das Gespür für seine formende Hand bewahrst, ...

wird er dich so schön machen, dass am Ende er selbst nach Dir verlangt."

Schläfst du ein in Gottes Hut,
schläfst du sicher, schläfst du gut.
MEIN GROSSVATER OTTO PÖTTER (1896–1959)

Wir können Gott mit dem Verstand suchen,
finden können wir ihn nur mit dem Herzen.
JOSEF FREIHERR VON EÖTVÖS (1813–1871)

Ein skeptischer Christ ist mir lieber
als ein gläubiger Atheist.
KURT TUCHOLSKY (1890–1935)

Wo Gott keine Rolle mehr spielt,
spielt auch der Mensch irgendwann keine Rolle mehr.
FRIEDERICH KARDINAL WETTER (* 1928)

Das Gebet ist die Tür
aus dem Gefängnis der Sorgen.
HELMUT GOLLWITZER (1908–1993)

Wer an nichts glaubt, verzweifelt an sich selber.
JOHANN WOLFGANG VON GOETHE (1749–1832

Wer Gott, dem Allerhöchsten, traut,
der hat auf keinen Sand gebaut.
GEORG NEUMARK (1621–1681)

Ich weiß nicht, wohin mich Gott führt,
aber ich weiß, dass er mich führt.
GORCH FOCK (1880–1916)

Jeden Tag an Gott sich wenden,
behütet ruh'n in seinen Händen.

Die Kunst der kleinen Schritte

Ich bitte nicht um Wunder und Visionen, Herr,
sondern um die Kraft für den Alltag.
Lehre mich die Kunst der kleinen Schritte.

Mach mich sicher in der rechten Zeiteinteilung.
Schenke mir das nötige Fingerspitzengefühl,
um herauszufinden,
was erstrangig und was zweitrangig ist.

Schenke mir die Erkenntnis, dass Rückschläge,
Schwierigkeiten, Niederlagen und Misserfolge
selbstverständliche Lebenszugaben sind,
durch die wir wachsen und reifen.

Erinnere mich daran,
dass das Herz oft gegen den Verstand streikt
und die Seele
ihre eigenen Entfaltungsmöglichkeiten sucht.

Schicke mir im rechten Augenblick jemanden,
der den Mut hat,
mir die Wahrheit in Liebe zu sagen.

Du weißt,
wie sehr wir der Freundschaft bedürfen.
Gib, dass ich diesem schönsten, schwierigsten,
riskantesten und zartesten Lebensgeschenk
gewachsen bin.

Verleihe mir die nötige Phantasie,
im rechten Augenblick ein Päckchen Güte,
mit oder ohne Worte,
an der richtigen Stelle abzugeben.

Bewahre mich vor der Angst,
ich könnte das Leben versäumen.
Darum gib mir nicht nur das,
was ich immer möchte,
sondern schenke mir das,
was ich brauche, um glücklich zu sein.

Lehre mich die Kunst der kleinen Schritte.

ANTOINE DE SAINT-EXUPÉRY (1900–1944)

Otto Pötter

Froh zu sein,
bedarf es wenig ...

Mehr Freude am Leben

Aschendorff
Verlag

Otto Pötter

Froh zu sein bedarf es wenig.
Mehr Freude am Leben

Mit Illustrationen von Markus Pötter
160 Seiten, Hardcover, 14,80 Euro
Aschendorff Verlag, Münster 2015
ISBN 978-3-402-13112-1